Lugares da Memória
Memoir

Coleção Paralelos
Dirigida por J. Guinsburg

Equipe de realização – Tradução: Margarida Goldsztajn; Edição de texto: Marcio Honorio de Godoy; Revisão: Iracema A. de Oliveira; Produção: Ricardo W. Neves, Sergio Kon, Lia Marques, Luiz Henrique Soares e Elen Durando.

Joseph Rykwert

Lugares
da Memória
Memoir

PERSPECTIVA

Título do original em inglês
Remembering Places – Memoir

© Joseph Rykwert, 2015

CIP-Brasil. Catalogação na Publicação
Sindicato Nacional dos Editores de Livros, RJ

R989L

Rykwert, Joseph
    Lugares da memória : memoir / Joseph Rykwert ; tradução Margarida Goldsztajn. - 1. ed. - São Paulo : Perspectiva, 2015.
    264 p. ; 21 cm. (Paralelos ; 30)

    Tradução de: Remembeing places - memoir
    ISBN 978-85-273-1038-3

    1. Rykwert, Joseph, 1926-. 2. Arquitetos - Biografia. 3. Judeus - Polônia - Biografia. 4. Nazismo. I. Título. II. Série.

15-25297
CDD: 920.994053438
CDU: 929:94(100)

05/08/2015   05/08/2015

Direitos reservados em língua portuguesa à

EDITORA PERSPECTIVA S.A.

Av. Brigadeiro Luís Antônio, 3025
01401-000 São Paulo SP Brasil
Telefax: (11) 3885-8388
www.editoraperspectiva.com.br

2015

Sumário

1929-1942   p. 9

Primeira Ruína · Vovô · Poloneses e Judeus · Varsóvia · *Mésalliance* · Vovó · Mais Contradições · Uma Mudança de Circunstâncias · Política · Anatole · A Nova Casa · A Fissura · Uma Profissão · A Política na Polônia Pré-Guerra · Ameaça · Escola · Manhãs · Lições Fora da Escola · A Crisálida · Uma Mudança de Direção · Abbazia · Mortalidade · Guerra · Kaunas · Saltsjøbaden, Amsterdã, Brighton · Uma Escola Muito Diferente · O Declínio e a Morte de Meu Pai

1942-1963   p. 133

Charterhouse · Arquitetura · Cambridge · Londres – A Architectural Association · SMH · Garotas · Arquitetura Novamente · No Mundo · Arup · Livros · Por Conta Própria · Amigos · Warburg · Itália · Paris · Ciam · Milão · Rumo ao Sul · Paris Novamente: Arquitetos e Artistas · Ideias · Paz · Soho · A Ideia de Cidade I · Borche · Anatole · Hampstead · A Ideia de Cidade II

notas   p. 259

1929 – 1942

An quisquam se faciendi erit artifex?[1]

"E você escreveu sobre isso? Não? É claro que você deve!" Muitos conhecidos, mesmo os casuais, curiosos sobre a minha origem – meu nome e algo no meu jeito de falar podem me trair como estrangeiro –, sobre a minha infância, minha fuga da cidade natal, têm insistido, ao longo dos anos, que eu deveria escrever. Mas sempre achei difícil pensar que minha história fosse digna de nota ou mesmo atraente. Era o que havia acontecido comigo, afinal de contas, e eu ainda estava ali para contá-la, uma pessoa bastante normal, ou pelo menos assim me parecia.

O que parece normal para mim, pode, contudo, vir a ser incomum a outros – é por isso que essas indagações casuais e insistências me espicaçam para registrar um relato de minhas origens, enquanto minha memória sobre elas permanece afiada o suficiente e minha consciência ainda pode dar forma e peso a qualquer lembrança, de modo que não apenas o meu *status* como sobrevivente, mas também o meu envolvimento em algumas das controvérsias do tempo, possam oferecer alguma justificativa – ou pelo menos alguma razão – para as posições que assumi e as causas que abracei. Isso exigiu que eu trouxesse à tona sons e aromas, todo o mundo sensorial a partir do qual cresci. A sensação incita a memória. O sentimento de bem-aventurança pode ser alcançado por algum sabor bastante comum – o de um biscoito mergulhado no chá foi fixado no cânone literário há um século. Minhas próprias sensações induzidoras de bem-aventurança podem parecer exóticas – erráticas mesmo – para alguns, mas elas são familiares o suficiente para mim. O sabor de beterraba temperada pelo rábano, ou de pão de centeio com manteiga e mel de trigo sarraceno (nenhum outro mel possui esse forte aroma misterioso, inebriante e metálico), procuro por causa do seu prazer intrínseco, mas também para me ajudar a evocar os traços característicos de uma cena há muito perdida[2].

O sabor e o aroma têm esse poder de evocar um lugar desaparecido, até mesmo uma sequência de volumes – um apartamento, uma casa, uma rua, uma praça –, e conjurar minha caminhada por eles. Examino a superfície insubstancial dessas paredes, na esperança de poder dotá-las de seiva e casca e convocar as sombras que ainda espreito a mover-se entre elas, uma vez que o lugar é minha verdadeira mnemônica – uma casa de memória, a casa da infância; uma casa que fica nas câmaras subterrâneas, oníricas, às quais minhas raízes descendem e onde águas escuras agitam-se em minhas amarras[3].

Penso em meus primeiros lares materiais como sendo privilegiados pela riqueza e pelo nascimento – em um grupo letrado e próspero de judeus da classe média de Varsóvia. As circunstâncias análogas peculiares de uma identidade judaico-polonesa dupla seriam devastadas pela catástrofe de setembro de 1939, cujo horror total desafia a qualificação; uma catástrofe que meus familiares – como os das comunidades mais poderosas em Viena e Berlim – não previram e nem poderiam prever; ninguém o fez, talvez nem mesmo seus perpetradores[4].

Quando criança, aceitei essa dupla identidade como coisa corriqueira, mas, ao envelhecer, fiquei cada vez mais preocupado com a sua natureza dividida. No entanto, lidar com a tensão entre lealdades divergentes capacitou-me a navegar pelos conflitos contundentes e pelas contracorrentes que eu, assim como muitos de minha geração, tive que suportar.

Escrevo sobre aquele mundo perdido em que as contradições eram tomadas como fato consumado, na esperança de apresentar aos meus leitores suas riquezas, bem como seus infortúnios. Como isso pode parecer estranho e remoto, introduzi breves observações sobre a Polônia e sua história recente, bem como sobre o saber e a tradição judaicos; com esse procedimento penso que posso ser útil.

Como essa criação transformou-se em um envolvimento apaixonado, carnal – mesmo erótico –, com tudo o que tange ao ambiente antrópico, ela é o tema principal do que se segue; espero que isso torne minhas lembranças suficientemente distintas das muitas outras que lotam livrarias e estantes – já que "cada um de nós está interessado em si mesmo, quer queira, quer não [...], pela simples razão de que cada um é sujeito e protagonista de sua própria vida intransferível [...] Mas alguma razão se faz necessária para que nos interessemos por outra pessoa", como escreveu José Ortega y Gasset, há meio século[5].

Primeira Ruína

Meu pai ficou arruinado em 1929. Ao contrário de muitos afetados pela quebra, ele não saltou da borda de um arranha-céu para a morte, mas retirou-se, com sua esposa e seu filho de três anos, para o sossego confinante da família paterna. As marcas de seu sucesso inicial – o apartamento espaçoso, minha babá, o Cadillac com uma caixa de câmbio externa –, embora registradas em fotografias, haviam sido todas descartadas antes que minha memória pudesse fazer um inventário delas. Assim, o primeiro lar de que me lembro é um quarto no apartamento ampliado e ensolarado do meu avô – algumas das janelas deviam estar voltadas para o sul. O *salon* era o aposento mais ensolarado de todos. Ele era coberto com um grande tapete Aubusson, de cor suave e agradável – de borda amarronzada, espirais douradas, rosas cor-de-rosa (lembro-me disso muito claramente, porque mais tarde ele iria recobrir o chão da nossa própria sala, após nos mudarmos, pouco antes de meu avô falecer). Nele havia um conjunto de móveis de estilo Império: de mogno polido (que poderia ser um revestimento – embora eu não me recorde de quaisquer aparas ou bolhas que indicassem isso) e ouropel, uma escrivaninha e uma cadeira combinando; uma estante articulada por delgadas colunetas encabeçadas por cariátides; uma *chaise-longue* com cabeça de cisne e duas poltronas de pés pesados, as almofadinhas dos descansos de braços inseridas entre as asas das esfinges cujas cabeças metálicas, elaboradamente penteadas, podiam ser agarradas pelas mãos. Quando tudo isso se tornou o mobiliário do estúdio do meu pai, eu vacilava em enfiar meus dedos nos olhos vazios das esfinges, embora gostasse de brincar com seu cabelo ondulado (amarrado com uma fita e formando um coque na parte de trás), e mesmo com seus narizes.

Não tenho ideia de onde uma família judia em Varsóvia, por mais próspera que fosse, poderia ter adquirido esses objetos esplêndidos. Minha memória agora os identifica como napoleônicos e parisienses: muito opulentos, mas também muito refinados para serem produtos de uma oficina provinciana. Os encostos ovais das cadeiras, de mogno simples, tinham bordas perfeitamente quadradas, sem adornos, exceto por uma discreta roseta em ouropel no centro da borda superior, o tipo de ornamento que teria sido sóbrio demais para o gosto de um revivalista do Segundo Império.

Nosso aposento, não muito íntimo, era bem menor. A cama dos meus pais, que ficava em um nicho da parede, assim como o meu catre, um armário, um carrinho de madeira com tampo de vidro sobre rodas de bronze e a cadeira avulsa eram os seus móveis. Também associo o aposento às minhas primeiras alusões da Inglaterra. Meu pai já havia começado a sua jornada mensal para Londres e voltaria sempre com presentes. Para mim trazia histórias em quadrinhos, *Beano, Tiger Tim, Boy's Own*, mas também livros de gravuras, de Beatrix Potter e Christopher Robin. Apesar de ser um leitor precoce, eu não sabia uma palavra de inglês, e as explicações que qualquer um dos meus pais estivesse disposto a fornecer não eram inteiramente satisfatórias. Minhas primeiras impressões da Inglaterra foram, portanto, visuais – uma *mélange* curiosa de um *Beano* extravagante com os desenhos tímidos e detalhistas de E.H. Shepherd.

As refeições principais eram feitas sequencial ou comunalmente – quando vovô presidia – à grande e pesada mesa de jantar da família. E preparadas na cozinha em um espaçoso fogão a carvão, revestido de cerâmica, com tampo de ferro, que serviu de cenário para o desastre que é a minha primeira memória e necessita de um comentário preambular. Como muitas famílias europeias ampliadas de classe média, a nossa possuía uma grande e brilhante panela de latão, com alças de madeira preta, que saía anualmente do armazenamento, à época em que os morangos eram abundantes e usados para fazer conserva ou geleia para o ano todo, o delicioso acompanhamento essencial dos muitos e grandes copos de chá, com limão e sem açúcar, consumidos diariamente. Chega de cenário.

Naquele ano, em particular – eu devia ter pouco mais de três anos –, a panela de latão virou sobre o fogão a carvão de ferro preto. Seu conteúdo fervente derramou-se sobre as pernas da minha mãe. Houve pânico: os médicos foram chamados imediatamente, é claro. Talvez fossem realmente paramédicos, muito mais comuns na Europa Oriental do que no ocidente – *Felczer* é a palavra em polonês (do alemão *Feldscher*, "barbeiro-cirurgião militar"). Garrafas de um líquido espesso – um unguento amarelo –, para esfriar as pernas da minha mãe (e também talvez para outras partes de outros corpos afetados – de tias, criadas, cozinheiras – que minha memória não registra), foram trazidas de um boticário, embora minha mãe tivesse que usar ataduras e permanecesse com cicatrizes por algum tempo.

Na parte de trás da minha perna direita carrego a marca de outro acidente que a minha memória tem reprimido bastante – como se fosse algo doloroso demais para se lembrar? Minha babá (disseram-me mais tarde), a mesma babá que perdemos com a ruína do meu pai, passava roupa enquanto eu brincava ao pé da mesa ou da tábua de passar. Ela balançou ou inclinou o ferro, algo assim. De qualquer forma, sua alma – como era chamado o elemento quente e avermelhado, aquecido no fogão a carvão e inserido em sua caixa polida – escorregou e caiu em minha perna, deixando uma queimadura tão feia que sua cicatriz cresceu comigo e ainda é bastante aparente mesmo agora, mais de oitenta anos depois do acidente. O trauma da minha mãe é de bronze vívido – amarelo ornado de preto – na minha memória, apesar de não ter deixado marcas visíveis, enquanto a minha própria dor oculta não tem cor nem tampouco sensação – apagada da memória, mas marcada na minha pele.

Vovô

Benjamin, o avô em cujo apartamento morávamos, que andou empertigado até a morte, tinha uma pequena barba abaixo do lábio inferior, e dividia o cabelo, relativamente curto, para um lado. Ele era elegante, uma pessoa que se trajava de forma inteligente, se bem que sem afetação, e usava muitas vezes uma gravata borboleta. Com toda a compreensão de um companheiro de sofrimento, lembro-me de seu gesto de derrubar um pouco de bicarbonato de sódio, guardado em uma latinha – que ele manuseava como se fosse uma caixinha de rapé –, em copo de água para amenizar a sua azia constante. De sua esposa, minha avó (que morreu quando eu tinha três ou quatro anos), tenho apenas uma vaga – se bem que totalmente agradável – recordação. Eles tiveram cinco filhas e dois filhos, sendo meu pai o penúltimo deles. A irmã mais velha do meu pai se casou com um intelectual mundano que lecionava literatura francesa em uma escola secundária, um *gymnasium* – e era tratado com condescendência desconcertante pela família (e com afetuosa estima por sua esposa). A segunda, cujo marido tivera um colapso nervoso "definitivo", vivia com sua saúde permanentemente precária em um sanatório (se bem que, com tudo isso, viveu mais que todos os seus irmãos); ela teve duas filhas, a mais jovem (e a mais bonita) delas mantinha um relacionamento considerado inadequado com um primo de primeiro grau, o filho mais velho do professor de literatura francesa. Meu pai foi persuadido a tirá-lo do caminho enviando-o a Londres para estudar engenharia, que ele considerava a única ocupação viril, mas para a qual o meu primo, coitado, era totalmente inadequado. A outra irmã do meu pai, que ambicionava ser cantora, nunca foi além do coro na ópera (o que a família não considerava respeitável), e era casada com um importador de chocolate; eles formavam um casal alegre, embora sem filhos, que dirigia um pequeno armazém de barras de chocolate de vários tons e delicioso aroma. Mais uma outra era dentista e, no centro do seu consultório, havia uma broca aterrorizante operada por um pedal. Uma das irmãs de minha mãe também foi treinada para ser dentista, mas não praticava a profissão, tendo desmaiado ao extrair um dente do seu primeiro cliente. Havia algo de não profissional acerca dessas duas tias dentistas.

    Rose, a mais jovem entre todos os irmãos do meu pai, era muito profissional, uma veterinária: eu a visitei uma vez em seu laboratório, ligado ao matadouro municipal, onde me foi mostrada a cabeça macabra de uma vaca tuberculosa recém-abatida, cujos tecidos ela examinava ao microscópio. Ela deixou o emprego ao se casar e com o nascimento de seu primeiro filho, pouco antes da guerra – na qual desapareceu, assim como a maioria de seus irmãos e de outras pessoas que mencionarei oportunamente. Havia também vários outros primos Rykwert mais velhos, de idades variadas – embora eu não fosse muito próximo de qualquer um deles.

Vovô – uso esse termo carinhoso já que eu o chamava pelo diminutivo *dziadziuś* em polonês – exercia autoridade pessoal sobre uma família extensa de primos de segundo e de terceiro grau, por meio do poder de sua personalidade; uma autoridade efetivamente patriarcal, se bem que não forçada. Ele tinha a fama de ter sido um inventor: uma espécie de café em pó instantâneo; um baralho com os heróis da Revolução Americana (que ele supostamente perdera durante uma visita turística aos Estados Unidos no início do século xx); e uma armadura à prova de balas são as invenções das quais me recordo. Segundo a lenda familiar, ele se oferecera para tomar um tiro usando essa armadura, na presença do (então russo) governador militar de Varsóvia. O governador, com sensatez, preferiu testá-la em um boneco de alfaiate, e é por isso que posso escrever este relato, já que a primeira bala atravessou claramente o boneco[6]. A única invenção dele que, de fato, rendeu lucro foi um espartilho desprovido de barbatanas ou lâminas de metal. Infelizmente, nada sei acerca de detalhes da invenção nem de sua fabricação. A fortuna da família não poderia ter dependido disso, de qualquer maneira, já que os espartilhos foram saindo de moda. No entanto, os diversos obituários que li descrevem-no como um "filantropo", de modo que ele tinha dinheiro para doar, que deve ter sido herdado, talvez, do negócio familiar de fabricação de cordas e cabos. Este certamente havia sido um negócio lucrativo em 1830-1831, quando os trabalhadores (não judeus) o salvaram durante um motim antijudaico insuflado pelo governo durante a revolta contra a opressão tzarista. Tais produtos devem ter sido vendidos de modo bastante lucrativo, embora eu não tenha nenhuma lembrança deles e nem nunca ouvi falar da fortuna da família. Nossa situação econômica confortável era dada como certa.

Vovô estava acostumado a uma suficiência de recursos que lhe permitisse satisfazer suas paixões pessoais – pela ópera, por exemplo, sempre em italiano e francês, não me lembro de qualquer menção a Wagner. Ele tinha uma das poucas coleções de discos de gramofone em Varsóvia. Antes da transmissão elétrica, ouvi-los em um gramofone acionado por manivela, cujo som era emitido por uma corneta, deve ter exigido esforço e concentração; netos barulhentos e inquietos não eram bem-vindos nessas ocasiões. Talvez por isso haja algo de proibido no que diz respeito à minha lembrança dele, que talvez tenha a ver com a etimologia: *dziadziuś* é, afinal, um diminutivo de *dziad* – homem velho, ancestral.

No entanto, quando padecia de sua última – e fatal – úlcera de estômago, tendo sido tratado na casa da filha chocolateira, ele ocasionalmente surrupiava qualquer trocado que encontrasse pela casa e escapulia para comprar um ingresso para "os deuses" na casa de ópera. Ele ali se sentaria de costas para o palco (o que deve ter sido difícil para ele em sua velhice artrítica), porque achava os cenários e os figurinos ofensivos. O que de fato eram.

Outra paixão espelhava aquela pela ópera – a paixão pela *hazanut*, os cantos litúrgicos da sinagoga. As noites de domingo na casa de meu avô serviam de teste para aspirantes a cantores litúrgicos, já que ele poderia "arrumar-lhes emprego", bem como orientá-los; ele desencorajava particularmente o canto em falsete, uma técnica de virtuose preferida por alguns, mas que ele considerava vulgar e inadequada à oração. Seu herói (e do meu pai) era o cantor litúrgico Gershon Sirota, nascido em Varsóvia (que cantaria em seu funeral), cuja brilhante e secular estreia em Viena – na *Criação*, de Haydn – tinha sido prejudicada pelo seu devoto chantre-pai, que o chamou de volta com severidade para o serviço sinagogal, ainda que a célebre professora de canto, Mathilde Marchesi, o tivesse colocado no mesmo nível de Francesco Tamagno e Enrico Caruso. Este último, por sua vez – a se dar crédito a Otto Klemperer – era fascinado pela *hazanut* da Europa oriental e, quando em turnê, costumava visitar as sinagogas locais nas noites de sexta-feira, para ouvir o cantor litúrgico[7].

Quando de volta a Varsóvia, Sirota, muitas vezes ausente em turnês internacionais (a Grande Sinagoga o tinha mais ou menos demitido por tal "gazeio" antes de eu nascer), cantava na sinagoga Nożyk (Nożyków, em polonês), conhecida pelo nome do seu fundador – a única que remanesceu após a destruição durante a guerra. Meu avô, tendo sido cofundador da sinagoga, era seu presidente à época de que me lembro; o próprio Nożyk morreu bem antes de eu nascer. A sinagoga contava com o patrocínio de um grupo de judeus "esclarecidos" que, apesar da oposição ao excesso hassídico (ou a qualquer outro excesso religioso), fazia objeções à tendência de ocidentalizar a Grande Sinagoga. Imponente edifício italianizado, a Grande Sinagoga foi obra de um arquiteto da moda dos anos de 1860, Leandro Marconi (cujo pai, Henryk/Enrico, que era mais famoso que ele, havia projetado a majestosa casa de ópera colunada, conhecida como o Grande Teatro), e era nela que o rabino-chefe oficiava; seu cantor litúrgico, Moisés Kusewicki (uso a grafia polonesa, embora ele fosse membro do clã musical mais conhecido como Koussevitsky), era considerado "frio demais" pela opinião Rykwert. A Nożyk mais ortodoxa foi construída em um estilo arquitetônico mourisco despretensioso, considerado apropriado a sinagogas por alguns arquitetos do século XIX, tendo um santuário de mármore abobadado de frente para o recesso da Arca da *Torá*. Uma *bimá*, um púlpito elevado, quase central, oferecia uma mesa para as leituras entoadas da *Torá*. A mesa do cantor litúrgico ficava posicionada no espaço entre o púlpito e o santuário abobadado. Havia também, é claro, uma galeria das mulheres – de ferro fundido – (à qual minha mãe e tias seriam relegadas) e, nesse nível, uma abside para o coro, que ficava meio oculta pela abóbada do santuário. O rabino oficiante era Meir Balaban, que pregava em polonês (e não em ídiche, como era costume nas sinagogas mais populares), muito conhecido como o historiador dos judeus de Cracóvia.

Musicalmente, Nożyk se considerava superior à Grande Sinagoga. Em ambas, o canto coral era *a cappella*. Instrumentos musicais jamais eram utilizados em serviços regulares; alguns rabinos inclusive haviam proibido o seu uso (e de qualquer outra música) após a destruição do Templo em Jerusalém, em 70 d.C. De qualquer forma, tocar instrumentos musicais era considerado, por muitos, uma violação ao mandamento bíblico sobre o descanso sabático. O gesto, portanto, que aprendi a associar com qualquer oração comunitária, é aquele que a maioria dos músicos-chantres faz antes de começar a entoar: bater o dedo indicador esquerdo em um diapasão mantido na mão direita para encontrar a nota. Eu costumava imitar esse gesto quando brincava de ser um *hazan* no quarto das crianças, embora isso tenha sido inevitavelmente frustrado pela minha incapacidade crônica de cantar com afinação.

A *hazanut*, canto sinagogal monódico baseado em melodias e formas de cantilena antigas, havia sido sistematizada a partir do século XVI. Foi influenciada pela música religiosa ocidental e, mais tarde, também pelo *bel canto*. No entanto, o ecletismo musical tinha limites: ao mesmo tempo que não havia objeção para que o coro entoasse o salmo 23 para um ajustado "Coro de Aleluia", lembro-me de uma ocasião em que um jovem cantor deu início à sua versão do "Au Fond du Temple Saint", de *Os Pescadores de Pérolas*, de Goerges Bizet, como cenário do ובנחה יאמר (*Uv'nukhó iomar*), a oração pronunciada no fechamento da Arca. Meu tio Max (o irmão mais velho – porém mais fraco – do meu pai, cujo cabelo repartido e a barba vestigial sob o lábio inferior reverberavam os de meu avô), com quem eu estava no momento, estalou a língua em desaprovação. Quando protestei, com ingenuidade, que se tratava de uma bela melodia, tio Max disse rispidamente que até podia ser, mas não era litúrgica. Foi a primeira vez que ouvi essa palavra.

A desaprovação exagerada do meu tio chamou minha atenção para outra perplexidade. Eu sabia, é claro, que nós, judeus, éramos o povo escolhido, como os serviços da sinagoga constantemente nos asseguravam ("Temos sido Seu povo escolhido por quatro mil anos", um rabino supostamente telegrafou ao Todo-Poderoso, "não seria o momento de escolher outro?"), mas, como era óbvio na sinagoga, minha família também era (cartolas, fraques, bancos dianteiros) bem superior aos demais malvestidos, hirsutos, barulhentos e malcheirosos escolhidos. Portanto, eu me via como particularmente privilegiado, mas, estranhamente, não merecedor. Eu sentia que havia algo de provisório nesse nosso privilégio, como se ele tivesse de ser constantemente ganho de novo, apesar de ter sido herdado; e da sua natureza precária já foi apresentado aqui um contexto vivo.

Aberto para o mesmo pátio, como a sinagoga, havia um *bet-midrasch* hassídico: Casa de Comentário ou Explicação – termo derivado da mesma raiz semita *drsch* (דרש), procurar, perguntar –, como Madrassa, o termo árabe para uma escola corânica, associado agora ao fundamentalismo muçulmano e até mesmo ao terrorismo. Em alguns feriados, quando a sinagoga transbordava de pessoas, os *hassidim* invadiam o pátio comum (que a congregação mais decorosa da Nożyk utilizava como um átrio), com suas celebrações barulhentas e incontroláveis. Vendo-me fascinado pelo seu balançar de corpo ofegante, tio Max me advertiu. A advertência foi feita em uma canção cômica sobre um camponês que bate à porta de uma escola de estudo do *Talmud*, uma *ieschivá* na aldeia. O aluno pálido e de cabelos longos, um *ieschive-bokher*, abre a porta para a figura estranha de um camponês corado e saudável, que diz, *Czy tut krawiec mieszka?*, que, em polonês, significa simplesmente "O alfaiate mora aqui?" O *ieschive-bokher*, nunca tendo visto antes um gói, um gentio, pressupõe que lhe tenha sido concedida uma visitação celestial e que as palavras desconhecidas proferidas são uma mensagem codificada, mística. Ele as recita ao seu professor, que explora cada palavra separadamente – cada comentário é seguido pelo refrão: "um anjo, um anjo, com certeza era um anjo".

 A primeira palavra, *Czy*, transforma-se no número 101 (escrito em hebraico com as letras *tzadik*, *iod* e *alef* – ציא), que é o número de vezes que o *Talmud* incentiva o devoto a estudar a *Torá* (melhor 101 do que 100); a segunda palavra, *tut*, são as iniciais de *tales* e *tefilin*, o xale de oração e os filactérios – e não deveríamos, para ler a *Torá*, vesti-los? Então vem *krawiec* (alfaiate), que o rabino transforma em um acrônimo de *kol riná v'ieschuá be-ohalei tzadikim* – "Há gritos de júbilo e salvação nas tendas dos justos" (*Salmos* 118, 15). Você deve estudar a *Torá* 101 vezes, vestindo o xale de orações e com os filactérios colocados e – naturalmente – ela deve ser lida nas tendas dos justos. Quanto à palavra *mieszka*, o rabino teve um problema de "leitura", que ele resolveu fazendo uma correção na mensagem angelical – como se fosse um texto escrito. Em vez de *mieszka*, leia-se *maszke*. *Maszke* é o termo em ídiche para vodca – então a mensagem diz: você deveria beber durante a leitura da *Torá*, beber trajando o xale de orações, com os filactérios, e certamente beber nas tendas dos justos. Que os *hassidim* fossem dados a beber era uma acusação disseminada e justificada. As cabriolas excitadas que testemunhei na sinagoga, meu tio sugeriu, não eram o efeito fervoroso de uma inspiração especial, mas de bebida barata. No entanto, o decoroso aluno, em seu uniforme escolar relativamente elegante e limpo, foi atraído pela celebração ruidosa e bagunçada, não importa como tenha sido despertada.

Muitos dos judeus pobres de Varsóvia eram filiados a uma ou outra das pequenas cortes hassídicas nas pequenas cidades – em Berdyczew, Płock ou Suchaczòw (ou mesmo Lubawicz, na Bielorrússia, que se mudaria para Brooklyn Heights, com consequências tão estranhas) –, e os *rebes* usavam o nome do lugar como uma espécie de título (o *berdyczewer*, o *plocker*, o *suchaczower* – e, é claro, o *lubawiczer* – *Rebe*); aos seus seguidores atribuíam a eles não apenas grande sabedoria e conhecimento sagaz dos escritos sagrados, mas também poderes milagrosos. Alguns desses rebes trajavam longas túnicas brancas, semelhantes às dos papas, enquanto os seus seguidores, em longos casacos pretos surrados, vestiam pequenos chapéus pontiagudos, tinham barbas longas e *peot*•. Eu sabia que eles eram judeus, como eu, é claro, mas diferentes: eles, por sua vez, condenavam nossas roupas e costumes ocidentais – pouco importava nosso modo de falar ou nossa dieta alimentar. Sempre havia, por conseguinte, aquela outra tensão bilateral: eles eram como nós, mas nem tanto. Da mesma forma, nos tornávamos semelhantes aos nossos contemporâneos poloneses por causa de nossas roupas e modo de falar, mas estávamos cientes, com desaprovação, de outro grupo judeu que desejava assimilar-se totalmente à classe média polonesa e, assim, abjurava todas as peculiaridades étnicas e religiosas; para eles, a supressão da identidade étnica seria a solução final para o "problema judeu". Isso era outra contribuição para uma sensação geral de estranhamento. Éramos nativos da Polônia, mas também diferentes, outros. A esquizofrenia era a marca da minha situação.

Entre os intransigentes *hassidim* e os assimilacionistas totais havia uma gama de opiniões, atitudes, comportamentos – entre os quais víamos os nossos como "centrais", é claro. Meu avô desprezava os assimilacionistas extremos, mas era também inimigo declarado dos fanáticos. Ele, às vezes, até mesmo convencia um dos seus genros mais jocosos a visitar alguns rebes hassídicos milagrosos, que mantinham cortes perto de Varsóvia, e zombar deles com perguntas triviais e irritantes; creio que a tentativa de Martin Buber de reavaliar e reintegrar o hassidismo como o elemento dionisíaco essencial no judaísmo, um complemento irracional e extático, do tipo de ortodoxia racionalizada que minha família aprovava, não tinha sido abraçada pela *bourgeoisie* de Varsóvia. Suspeito, contudo, que meu avô tenha ajudado a financiar o *bet-midrasch* hassídico no pátio da sinagoga, como também financiara várias instituições de caridade católicas. Sua zombaria era desprovida de malícia. Disseram-me que ele obedecia ao costume judeu de acompanhar qualquer cortejo fúnebre com o qual se deparasse, fazendo pelo menos três paradas em solidariedade para com os enlutados, mas se conduziria da mesma forma no tocante a funerais cristãos, descobrindo a sua cabeça de maneira não judaica.

Ele comparecia aos serviços da sinagoga trajando uma sobrecasaca de corte reto e uma cartola de seda; também meu pai, nos seus trinta e tantos anos, usava um fraque (ornamentado), calças listradas e uma cartola para a sinagoga, até mesmo em um simples sábado de manhã. Vovô era bilíngue, falava polonês e ídiche (meu pai, de fato, mostrou-me cartas-poemas em ídiche que recebera dele – e que se perderam com nossos demais papéis), mas também pertencia àquele grupo inicial de sionistas que adotara a pronúncia sefardita do hebraico (observada naquela dos judeus do Norte da África ou do Oriente Próximo e que se tornou a pronúncia padrão da Palestina – e, mais tarde, de Israel). Ele e minha avó visitaram a Palestina uma vez, em 1924 – antes de eu nascer.

Enfatizei o porte ereto do meu avô: ele provavelmente o devia a uma vida inteira dedicada ao esporte. Era um excelente nadador. Quando o Vístula congelava em novembro, permanecendo coberto de gelo até o início de março, um grande buraco era cortado e mantido aberto durante o inverno para que os peixes respirassem e fossem alimentados. Com um grupo de nadadores igualmente resistentes, meu avô mergulharia nele pelo menos uma vez por ano. Lembro-me da fotografia em sépia no suplemento de um jornal que o mostrava saindo do gelo em seu traje de natação, para ser secado com uma toalha; ele parecia um nadador no final do seu calvário, depois de ter cruzado o Canal da Mancha. Essa inclinação para o esporte foi herdada por meu pai, que era fanático por futebol e organizou um time em seu *gymnasium* – segundo dizem, supostamente o primeiro time de futebol de escola da Polônia. Para o seu desgosto permanente, ele não conseguiu passar essa paixão para mim.

O patriotismo polonês do meu pai, no entanto, não era linear. Uma de suas tias mantinha uma bandeira polonesa, branca e vermelha, escondida atrás de um armário; ela a tirava em ocasiões solenes para que meu pai e as outras crianças da casa a beijassem e jurassem lealdade à pátria perdida. Perdida porque havia sido partilhada – nos vinte anos que vão de 1772 a 1792 – entre seus vizinhos mais poderosos: o Império Austro-Húngaro, a Prússia e a Rússia. último país a dominar Varsóvia antes de a Polônia ser reconstituída pelo Tratado de Versalhes. Minha tia-avó parece ter inspirado meu pai, ainda um estudante em 1905 (quando o russo era a língua imposta nas escolas e em todos os locais públicos após os distúrbios de 1904-1905), a distribuir literatura polonesa clandestina aos seus colegas – pelo que ele acabou sendo preso. Vovô, mais conformista, ao que parece irritou-se com essa aventura e o tirou da prisão, o que – naturalmente – significou que o dinheiro mudou de mãos. Orgulhoso de sua façanha patriótica (pela qual ele foi inclusive condecorado depois de 1920), meu pai considerava sua libertação como uma espécie de anticlímax.

Tal envolvimento em atividades nacionalistas era bastante usual entre os judeus poloneses "esclarecidos" – especialmente nas cidades. Um regimento judaico lutou na insurreição de Kościuszko, em 1794-1795. A reforma emancipadora do parlamento, de 1790-1792, foi postergada após a última partilha do país, mas os judeus poloneses patriotas foram atuantes na resistência contra as forças de partilha ao longo do século XIX, por mais irreal que isso agora possa parecer, já que o recente e amargo antissemitismo polonês solucionaria quaisquer complexidades das relações seculares, se bem que desconfortáveis e muitas vezes turbulentas, entre poloneses e judeus.

Poloneses e Judeus

Esse relacionamento irritante e intrigante remonta a um milênio. A lenda conta a história de um judeu, Abraão Prochownik (o comerciante de pólvora), que é escolhido por acaso para liderar os poloneses antes do ano 900, e essa lenda ecoa em outra acerca da eleição de Saul Judycz, ou Wahl, como rei por uma noite, após a morte de Estevão Báthory, em 1586, se bem que a lenda não tenha sido registrada senão no século XVIII.

Muito antes, em meados do século XII, os judeus cunhavam moedas, para alguns príncipes poloneses, marcadas com letras hebraicas – e, no século seguinte, quando alguns desses príncipes procuravam avidamente mais colonos para suas cidades, que pudessem praticar o comércio e o artesanato, os judeus foram incentivados por uma ideia mais tarde associada a um famoso rabino do século XVI (Moisés ben Israel Isserles, de Cracóvia, conhecido como Rema), que transliterou o nome do país como פה-לין, " po-lin" (cuja tradução é "ali descanse"), considerando-o propício. A maioria veio em levas do oeste, normalmente depois de algum episódio de perseguição violenta, embora a maior emigração tenha se dado após a epidemia da Peste Negra, de 1348-1349, durante o reinado de Casimiro, o Grande, o último rei da dinastia dos Piast, 1310-1370. Os Piast foram os primeiros governantes dinásticos e alegavam ter uma ascendência lendária. Casimiro, que concedeu privilégios aos judeus, tinha a fama de ter uma amante judia. Esses privilégios, não obstante episódios de violência antijudaica e expulsões, permaneceram intactos até meados do século XVI, e depois em suas diversas formas modificadas, até as partilhas no final do século XVIII. Os imigrantes ocupavam-se de inúmeros ofícios: ferraria e todos os tipos de serralharia, alfaiataria, sapataria. Muitos eram médicos e boticários (como alguns dos meus antepassados). Houve também aqueles que se ocuparam de negócios: estalagens, serviços bancários e agiotagem – a remissão de dívidas e hipotecas tornou-se um tema comum de propaganda antijudaica; alguns trabalhavam como agentes e coletores de impostos para os grandes senhores de terra (o que os tornava impopulares entre os camponeses), enquanto outros, de fato, passaram a se ocupar da agricultura. Eles estavam organizados em grupos semiautônomos, cujas autoridades religiosas e civis (o *kahal*) eram geralmente eleitas e julgavam todas as disputas internas e algumas externas; as punições impostas podiam ser muito severas.

Os judeus que vinham do leste da Alemanha – ou, de todo modo, através dela – traziam consigo o modo de falar do médio-alto alemão que, por volta do século XVIII, separou-se de suas origens alemãs, transformando-se naquele dialeto particular, mais tarde chamado de ídiche, e que era grafado em caracteres hebraicos (assim como o ladino, falado pelos judeus no Levante e nos Balcãs, que é o velho castelhano trazido pelos refugiados expulsos pelos reis católicos); no decorrer do século XVIII, o ídiche – que também veio a ser conhecido como "jargão" – absorveu muitas palavras polonesas e russas "locais"' e adquiriu uma vasta literatura, principalmente no século XIX.

Casimiro, o Grande, morreu sem deixar filhos. Sua sobrinha-neta e herdeira, Jadwiga, se casou com o grão-duque Jagelão/Jagiełło, da Lituânia, em 1386. Ele foi o último pagão entre os governantes europeus, e a incorporação de suas vastas terras, de população de língua rutena, mudou completamente a configuração do país e também deixou uma população judaica bastante diferente em contato com os colonos da Europa Ocidental, falantes do alemão/ídiche. Alguns deles chegaram por Bizâncio e pelos Balcãs, outros pelo Cáucaso. Os cazares, que viviam no delta do Volga, no Mar Negro, haviam aceitado o judaísmo como religião do Estado no século VII; embora sua missão de converter os eslavos do Volga ao judaísmo não tenha sido bem-sucedida, eles permaneceram um Estado judeu até serem conquistados pelo expansionismo eslavo rumo ao sul, e muitos foram incorporados à comunidade judaica de Kiev. Essa comunidade foi dispersa pela Horda de Ouro e absorvida pela judaria da Lituânia – e sua herança tem sido discutida nos últimos tempos de forma inconclusiva[8].

De todo modo, os caraítas (uma seita judaica herética que rejeita a autoridade do *Talmud* – embora, na verdade, trata-se de dois grupos distintos que confusamente se denominam caraítas; certamente aqueles que se denominam Karaylar, caraítas da Crimeia, falam uma língua da família do turco que, de fato, pode descender da língua cazar) eram semiligados a comunidades judaicas na Lituânia.

Varsóvia

Varsóvia era uma capital "artificial". Os velhos centros do Reino da Polônia, Gniezno, a sede primacial, e Cracóvia, o Castelo Real, eram marginalizados pela União do "Reino" (ou seja, a Polônia) e pelo Grão-Ducado (Lituânia). Varsóvia ficava a cerca de um terço do caminho de Cracóvia a Vilna/Vilius, capital da Lituânia, de modo que podia atuar como o centro do país, assim como Madrid fora feita capital da Espanha por Filipe II um pouco antes.

Embora tenha sido inicialmente fortificada pelos pequenos príncipes locais, Varsóvia não figura em documentos até meados do século XIII. Planejada e replanejada no século XIV, ela cresceu realmente no final do século XVII, para se tornar a cidade retratada nos anos de 1760-1770 pelo pintor veneziano Bernardo Bellotto (também conhecido como Canaletto, como emulação do seu tio mais célebre, Antonio Canal), cujas pinturas nítidas e constantes transformaram-se em documentos de valor inestimável – quase um estudo – quando as ruínas da cidade de estuque foram reconstruídas após 1945. Era uma cidade localizada na vasta planície (se bem que não exatamente a Sodoma e a Gomorra dos romances mais ardentes de Bashevis Singer, como alguns leitores poderiam concluir) que se estende do norte dos Alpes aos Urais. Argila e madeira foram os principais materiais construtivos, portanto. Minha infância foi rodeada por superfícies de gesso ou de estuque: as nuas construções de madeira, como as que remanesceram em Varsóvia, tendiam a ser suburbanas, decrépitas, ao passo que o revestimento em pedra de alguns outros edifícios – bancos e ministérios – expressavam poder e luxo.

A partir do final do século XVIII, a população judaica de Varsóvia cresceu rapidamente e, por volta de 1900, os judeus constituíam um terço dos seus habitantes – até ser superada por Tel-Aviv e Nova York, ela detinha a maior (embora difícil de controlar) comunidade judaica em todo o mundo. De todos os falantes do ídiche, os *hassidim*, como já mencionei, eram, provavelmente, os mais numerosos (e os mais pobres), facilmente identificados por seus chapéus de abas, pelas longas (e geralmente engorduradas) *peot* e barbas, bem como por suas túnicas até o tornozelo. Eles residiam na área norte-ocidental da cidade, embora não se confinassem a ela. Havia, contudo, também um forte partido socialista, o

Bund, formado principalmente pela classe operária ocidentalizada – embora falante do ídiche – e relacionado com o mais poderoso partido russo do mesmo nome. Os grupos sionistas atuantes, que ensinavam e falavam o hebraico, eram bem diferentes. Vários jornais em ídiche eram ali publicados, bem como um jornal diário em hebraico e outro em polonês, este mais interessado no "ângulo" judaico dos assuntos, considerado um bom jornal e lido por muitos não judeus.

A Polônia pós 1918 não era – como o conhecimento popular (especialmente nos Estados Unidos) considera – um país solidamente católico e antissemita, quase fascista. Os católicos romanos constituíam dois terços da população da Polônia reconstituída de 1918. Do terço restante, alguns, principalmente no oeste e no extremo norte, eram luteranos e calvinistas; no leste, grande parte da população era ortodoxa ou fazia parte da Igreja Uniata (que seguia a mesma liturgia e o direito canônico dos ortodoxos, porém submetida ao papa). Havia muitos armênios e até mesmo – em partes das antigas terras lituanas – alguns muçulmanos nativos, principalmente de origem tártara. Os judeus eram um décimo da população. Tampouco havia nada de sólido no que diz respeito à política polonesa, embora o comunismo – uma força real – tivesse sido empurrado para a ilegalidade, e quando a maioria dos líderes partidários foi convocada a Moscou para ser morta como trotskistas, por volta de 1938 (relata-se que Stálin, naquela ocasião, afirmara que era mais fácil transformar um cavalo em uma vaca do que um polonês num verdadeiro comunista), somente as pessoas importantes do partido, mantidas em prisões polonesas nessa época (notadamente Władysław Gomułka, que mais tarde seria primeiro-ministro), sobreviveriam.

Metido a Santo

Quando criança, eu via todas essas complexidades como coisa corriqueira, mas também fascinante. Em geral, eu aceitava as lealdades dos meus pais acriticamente, o que fez de mim um conformista durante muitos anos em minha adolescência – porém deve ter havido algum desvio insubordinado em meu caráter, que foi canalizado para bagunçar tudo aquilo com que eu tivesse de lidar. Não conseguia deixar minha escrivaninha muito arrumada, nem meus livros escolares livres de manchas, nem minhas roupas permaneciam elegantes – e meu cabelo sempre estava um pouco torto. Isso levava minha mãe esporadicamente ao desespero. Sendo instintivamente conformista, eu achava que isso era uma fraqueza vergonhosa: e fazia reiteradas tentativas para mudar, apenas para ter uma recaída quando mais à vontade. E o desleixo frustrou todas as persistentes tentativas posteriores, das quais jamais abri mão, de desenvolver uma "refinada caligrafia itálica".

O conformismo também se coadunava bem com o nosso comportamento geralmente pudico. Lembro-me do meu constrangimento quando meu pai tentou me contar uma piada um pouco "grosseira", dizendo que os postes de sinalização para cruzamento de pedestres em Londres (conhecidos como *Belisha beacons* – que levam o nome do ministro que os tornou obrigatórios –, globos amarelos em postes preto-e-branco, agora caídos em desuso) foram apelidado de "bolas Belisha". A tentativa da minha mãe (eu devia ter uns oito ou nove anos) de me explicar "os fatos da vida" enquanto eu tomava banho, foi ainda mais constrangedora. Escutei pacientemente e não pude lhe dizer que eu já havia aprendido o segredo por meio dos meus companheiros de escola há algum tempo. Por outro lado, quando perguntei sobre um pequeno anúncio que vi estampado em todas as paredes de Varsóvia, "OLLA...?", minha perplexidade foi descartada com um envergonhado dar de ombros. Somente muito mais tarde aprendi se tratar de um contraceptivo.

Nossa incompatibilidade acerca do futebol fez do meu pai um modelo inatingível. Minhas tendências a *nerd* manifestaram-se cedo, o que fez com que a crença positiva do meu pai em "fazer coisas" como a única ocupação que valia a pena (que ele cumpriu à risca em sua carreira de engenharia) se tornasse praticamente inalcançável para mim, embora eu tentasse imitar alguns dos seus gestos (como brincar com um cigarro) e seu jeito de falar. Esse instinto imitativo comum acabou me trazendo problemas ocasionais. Lembro-me nitidamente de uma senhora (que pensei que fosse muito inteligente), em uma mesa vizinha num restaurante de hotel, escancarar a boca para fazer passar o garfo pelos lábios sem manchar seu batom e fechá-los firmemente para desalojar o pedaço de comida. Fui severamente repreendido quando tentei executar a mesma manobra elegante – e tal repreensão pareceu-me apenas uma arbitrariedade dos adultos.

Mésalliance

Embora um tanto pudicas, ambas as famílias tinham a sua quota de malícia. Se eu der crédito às insinuações de parentes, meus pais tinham casado abaixo de sua posição social. A família da minha mãe, os Melups, veio da Lituânia.

Eles possuíam terras com pedreiras de granito e florestas madeireiras na Volínia, terras essas que permaneceram com a Polônia depois da Revolução Russa e de o tratado de Riga estabelecer a fronteira oriental do país

O sobrenome refere-se a Mełupie, um pequeno rio que desaguava no Neman e alimentava um moinho de madeira, a origem da fortuna familiar. Ele também dava seu nome a uma aldeia, agora localizada na Letônia, perto da fronteira lituana. Meu avô materno (que jamais conheci – ele morreu um ano antes de eu nascer – e cujo nome recebi) passou a interessar-se pela construção de ferrovias (assim como vários dos comerciantes de madeira, seus coetâneos), e mudou-se para Kiev. Sua esposa, muito mais devota, alegava ter parentesco com Elias de Vilna, conhecido como "o Gaon de Vilna", um rabino ortodoxo do século XVIII, cujo *herem* (decreto de excomunhão) contra os *hassidim*, assim que surgiram na Lituânia, freou a propagação do movimento para o norte. Depois da Revolução de Outubro, meus avós fugiram de Kiev, deixando minha mãe e sua irmã mais nova, Masha, na casa da família com um ou dois criados leais. A ofensiva polonesa do Dniéper, em 1920, os libertou e as duas meninas puderam se juntar ao resto da família.

Aqueles anos de privação e quase fome marcaram emocionalmente minha mãe e fisicamente a minha formação, já que o meu precoce raquitismo (e minha má postura ao longo da vida que se lhe seguiu) dizia-se ser o resultado desses três anos de desnutrição, assim como o era o preceito instrutivo que a orientava na opinião de que "tudo pode estar muito bem agora, mas ao chegar a Revolução você vai ter que cuidar de si mesmo". Por isso, tive que aprender a pregar botões e a cerzir meias (um ofício aposentado pelo nylon), enquanto os meus dotes culinários elementares, bem como um certo interesse duradouro pela história da comida e da nutrição, eram um incremento para as suas exortações.

O idioma comum na família e na geração de minha mãe era o russo, ao passo que o ídiche permaneceu secundário. O hebraico era reservado às orações. Como muitos judeus da classe média confinados na sua zona de residência obrigatória na Rússia, eles estavam convencidos da superioridade da cultura russa (literatura e balé especialmente), convicção que – tendo em vista o antissemitismo declarado e oficial do regime tzarista – parece agora mais perversa do que qualquer simbiose cultural judaico-polonesa. Minha mãe esforçava-se, "pelo bem das crianças", para falar polonês corretamente, mas nunca o adotou como sua própria língua, se bem que conseguisse dominar alguns termos idiomáticos abusivos, utilizados por ela quando se irritava (com os filhos; mais raramente com os criados). Embora seu polonês mantivesse uma cadência acentuadamente russa, era a língua falada em casa, de modo que, mesmo muito mais tarde, quando ela se mudou para Nova York, nos correspondíamos nesse idioma.

Sua família considerava-se mais "autêntica", superior aos judeus ocidentalizados de Varsóvia, pelo fato de vir da Lituânia. A família do meu pai, em contrapartida, alegava descender de um imigrante espanhol do século XVI, Salomon de Calahorra (uma pequena cidade em Navarra, berço de Quintiliano, que agora produz vinhos Rioja de segunda classe e aspargos enlatados), que teria chegado à Polônia depois de sua formação em medicina (provavelmente em Ferrara), para servir como médico da corte (do rei Sigismundo II Augusto) e gerar uma linha de apotecários, médicos e rabinos. Um deles, no final do século XVII, foi injusta e barbaramente executado por blasfêmia. O caso provocou um protesto e, apesar da intervenção do rei Augusto II, o Forte, e do bispo local, em seu nome, meu antepassado foi torturado e morto. Um ancestral direto posterior – em meados do século XVIII –, Izidor Posner (Pozner e Calahorra ou Kalahora, e até mesmo Kaliphari, tornaram-se intercambiáveis, aparentemente), decidiu que os "problemas" dos judeus deviam-se, totalmente, ao fato de não trabalharem a terra. Ele, por conseguinte, comprou a mansão senhorial de uma aldeia chamada Kuchary; tendo sido reconhecido como seu senhor (*Pan na Kucharach*), organizou uma colônia agrícola judaica, ainda ativa no século XX. Embora Kuchary seja um nome de lugar bastante comum na Polônia, uma aldeia assim denominada (agora um local de veraneio) ainda é conhecida como a "Kuchary judaica", *Kuchary Żydowskie*, e Mira Koopman, uma produtora de cinema que conheci (falecida em 2012), nasceu lá e poderia corroborar a história.

De qualquer forma, o ramo cracoviano da família desapareceu em 1836. Em algum momento, no início do século XIX, a conexão Pozner-Kalahorra, sem renunciar à mansão Kuchary, estabeleceu aquela fábrica de cânhamo em Varsóvia, um negócio florescente na época da insurreição de 1830, na qual estiveram envolvidos – como já observei. Outro primo Pozner (que já havia lutado na Itália com Garibaldi) foi morto na insurreição posterior, de 1863[9].

A lenda (ou, talvez, a história real) sobre o fato de pertencermos à nobreza proprietária de terras parece ter mudado o equilíbrio de poder ou de influência. Quanto ao sobrenome – Rykwert – ele era inoportuno. Eu o devo à regulação imperial russa que ordenava que filhos únicos varões não seriam convocados para o exército; meu bisavô utilizou o subterfúgio (bastante comum na Polônia – e não apenas entre os judeus) de dar ao seu filho mais novo Benjamim o sobrenome de solteira da mãe Cornélia.

Meus pais se conheceram de maneira bastante convencional – meu pai tinha alguns negócios (madeira, pedra – mesmo ferrovias, talvez) com os irmãos Melup. A irmã deles, Elisabeth, era um ou dois anos mais nova do que ele, de cabelos ruivos e olhos azuis (talvez indicando uma ascendência cazar). Tudo isso foi irrelevante quando se casaram: ambos eram pessoas "modernas" para quem apenas os ancestrais imediatos importavam. Não tenho nenhuma dúvida de que meu pai fosse apaixonado pela aparência dela, bem como por sua elegância – ela permaneceu atenta às tendências da moda, mesmo quando seu corpo foi gradualmente reduzido pela osteoporose que a afligiu na última década de vida. Ao longo de seu casamento, eram muito sociáveis – recebiam em casa e também eram frequentadores entusiastas de festas e do teatro. Exímios dançarinos de salão, ganharam inclusive prêmios. Minha mãe, que relatava tais triunfos com timidez, teria considerado impróprio dedicar tempo a competições de dança. O que ficou claro a partir disso, independente de quaisquer problemas que tenham surgido mais tarde, era que eles se complementavam – física e psicologicamente –, o que, parece, haviam percebido tão logo se conheceram. E essa *entente* proporcionou segurança ao meu ambiente de infância, a despeito de quaisquer dificuldades posteriores.

Vovô Melup sofrera um ataque cardíaco fatal em 1925 e o luto profundo daquele ano não lhes permitiria celebrar um casamento no círculo familiar; meu pai, como sempre, estava apressado e eles decidiram se casar em Londres (outra homenagem à anglofilia do meu pai, talvez), escolhendo a sinagoga hispano-portuguesa em Maida Vale. Mas havia um problema relacionado à espera para a leitura dos proclamas em Londres; por isso, eles se casaram em Paris, na casa de um rabino amigável e bastante liberal, e passaram sua breve lua de mel em Versalhes. Como nasci nove meses depois, posso apenas supor que a pressa se devesse à natureza impulsiva do meu pai e não à ânsia do casal de esconder a gravidez antecipada da minha mãe.

A ascendência e o casamento precipitado jamais foram insinuados na *mésalliance* subentendida pelas fofocas familiares que ouvi quando criança; felizmente, eu não era muito sensível à malícia que motivara algumas delas. E deve ter havido malícia (mesmo que minha memória tenha perdido muito dela), em grande parte devido ao sucesso financeiro do meu pai, eu suponho – ele foi o único Rykwert de memória recente a fazer fortuna. Tampouco estou certo de o quanto isso tinha a ver com o fato de o meu pai ter sido o genro favorito da vovó Melup e, consequentemente, de eu ser o neto favorito. Lembro-me, com carinho, da paciência com que ela examinava meu álbum de selos ou algum outro troféu que eu traria para lhe mostrar; e, com curiosidade (não com a aversão com que alguns dos meus primos recordam), do queixo coberto de pelos ásperos, ou do estranho hábito que ela tinha de entremear uma mecha de cabelo loiro (mantida no lugar por uma fita praticamente invisível) em seu próprio cabelo bem branco. Eu nunca soube se era uma espécie de *scheitel* residual – a peruca que algumas judias religiosas, especialmente as hassídicas, usam por cima de suas cabeças raspadas – ou uma ilusão mundana e vã de que seu cabelo não estivesse totalmente branco. Mas, por outro lado, a vaidade lhe teria parecido estranha: envolta em preto ou cinza escuro, ela se movimentava pesadamente, sempre apoiada numa bengala, deslizando de forma desequilibrada – como se fosse um objeto sólido em rodinhas –, de modo que eu nunca sequer imaginei seus membros inferiores se movendo sob seus longos vestidos escuros drapeados. Tampouco me ocorreu especular sobre sua aparência quando jovem: eu simplesmente era incapaz de associar a sua figura monumental à juventude.

Vovó

Quando ela morreu, em 1937, deve ter sido aos 85 anos de idade, o que significa que ela nasceu por volta de 1850. Ela tinha dezoito anos quando se casou com o meu avô, um viúvo de dezenove anos de idade, cuja primeira esposa morrera no trabalho de parto. Sem se deixar desanimar, ele deu à minha avó mais quinze filhos (minha mãe era a penúltima filha), dos quais apenas quatro morreram antes de eu nascer – e nenhum, ao que parece, na minha infância. Todas as suas filhas se casaram, mas, de seus filhos, apenas um, o meu tio Salomão – pelo quê ele nunca foi perdoado. Sua esposa, Polina, da qual me recordo como uma mulher culta e encantadora, "não era boa o suficiente" – outra *mésalliance*. Segundo o boato, ela era mais velha do que ele, vivera em Moscou, tocava piano muito bem para uma amadora – tudo isso parecia impróprio ou anômalo, embora, tanto naquela época como agora, eu não conseguisse entender o por quê. Com as suas filhas Irene e Zula – minhas contemporâneas – eles se refugiaram em Nova York, no início da guerra, enquanto nós ficamos em Londres. Tio Salomão morreu em 1970, aos 77 anos, em Nova York, e tia Polina viveu até bem depois dos noventa, uma senhora distraída, esbelta e benevolente, que pintava grandes, pálidas e floridas aquarelas (ela tivera aulas, quando na casa dos setenta, com o velho Georg Grosz, antes de sua mudança final para a Alemanha).

Não sei ainda quais foram os motivos de minha avó para manter os filhos ao seu redor e nem sei se foi o atavismo familiar ou a falta de dinheiro que os manteve lá. Ainda assim, possuir três tios solteiros, sem filhos, é uma bênção para um menino em idade escolar. Eles estavam dispostos, ocasionalmente, a me buscar na escola e oferecer sorvetes, bolos e outras guloseimas no caminho para casa. Mas não viviam em harmonia. Um deles, Wolf, havia retornado de Berlim em 1933; ele tinha uma barba lupina e pontuda e era considerado licencioso por seus irmãos. A licenciosidade (uma amante inadequada? Uma criada íntima demais? Ou apenas esqualidez de solteiro?) a ele associada persistiu em Varsóvia, e eu não tinha permissão para visitá-lo em casa. A fonte de renda dos "irmãos" era a faixa de terra na Volínia – as três aldeias, excelente solo, pedreiras, florestas (que, na verdade, mantinham sua mãe e meia dúzia de pessoas que moravam no seu apartamento). Eles brigavam sobre isso o tempo todo. Em um determinado momento (tudo foi abafado por causa das crianças), o mais velho dos irmãos, Lázaro (conhecido como Lola), ao não conseguir impor sua vontade, levou uma pistola para dentro do tribunal e atirou para o teto na presença do juiz, pondo abaixo um pouco de gesso. Ele ficou preso por alguns dias, pelo que, suponho, é chamado de "desacato ao tribunal" em inglês; isso foi objeto de insinuações e boatos constrangedores – a história nunca ficou muito clara. Essa foi sua única tentativa de reafirmar uma identidade aventureira. Segundo outra lenda familiar, ele fora o primeiro passageiro em um aeroplano russo a sobrevoar o litoral de Riga – num Farman pilotado pelo intrépido Sergei Utochkin. Os jornais relataram na época que "apesar do peso considerável do sr. Melup, o aeroplano levantou voo facilmente". Era difícil imaginar o meu desmazelado e difícil tio como o encantador passageiro. Naturalmente, ninguém jamais aludiu à frustração que aqueles homens adultos, enclausurados com seu mulherio, devem ter sofrido; uma explicação bastante plausível para sua agressão mútua.

Minha avó morava na cobertura (como se diz agora), no oitavo e último andar de um espaçoso edifício de apartamentos no estilo típico do início do século XX, com vista para a Politécnica de Varsóvia e – o que era muito mais importante para mim – para a pista de corridas de Varsóvia. A entrada no edifício cinzento, de estuque, se dava por um *porte cochère*[10]. No saguão arejado, um lance de escadas de mármore branco serpenteava um elevador aberto; sua cabine lustrosa, de madeira, funcionava suavemente, porém eu associo a vertigem (da qual ainda sofro de vez em quando) às minhas nervosas subidas nele. Um brilhante patamar de mármore abria-se para um saguão de entrada medíocre, mais à frente do qual havia um espaço escuro, cavernoso, com cortinas pesadas, uma espécie de segundo saguão sem porta nem janela, onde o telefone ficava sobre uma mesa atapetada, debaixo de uma reprodução, em tamanho real e moldura dourada, da *Sibila de Cumas,* de Domenicchino; quando vi pela primeira vez uma gravura do quadro, eu o reconheci de pronto. Nunca descobri como meus avós conseguiram aquela tela ou as pequenas cópias (talvez estampas coloridas?) de duas das *Fêtes Champetres* (Festas Campestres), de Lancret, que foram emolduradas nos painéis de outra saleta. Os Melups não eram uma família voltada à arte, e jamais ouvi ninguém se referir a elas.

Havia naquele apartamento dois aposentos ensolarados muito grandes, voltados para o sul, e entre eles outro menor. Todos os três se abriam para a sacada, da qual eu podia assistir, com meus primos, àquelas corridas em nossas visitas nas tardes de sábado. O grande aposento ao lado da entrada, com móveis embutidos de carvalho com pátina cinza, era o lar de Monia (Moisés), o mais jovem dos meus tios, o intelectual, o único dos meus tios maternos que tentou estabelecer um contato comigo que fosse além de carinhos familiares. Ao ouvir que eu era fascinado por Napoleão – algo bastante comum para um adolescente –, ele me deu uma biografia do imperador, em quatro volumes, da autoria de Evguéni Tarlé, um historiador neomarxista russo, que devorei; mas parecia que nunca tínhamos a oportunidade de discuti-la.

O outro grande aposento era o quarto da minha avó, mobiliado, pelo que me lembro agora, em um estilo vienense de ca. 1910. Ele se abria, por portas camarão, para uma sala de jantar mais ampla, porém também mais escura (que dava para um pátio interno), em grande parte preenchida por uma enorme mesa coberta com tapeçaria e iluminada por um abajur de teto com cúpula revestida de uma seda desbotada. Uma grande fotografia em sépia do meu avô, em uma pesada moldura ebanizada, em que ele apresenta aparência barbada e leonina, um pouco como William Morris de perfil, ficava pendurada acima do grande e não utilizado piano de cauda Bechstein, em uma de suas extremidades. Ao lado, havia uma pianola cujo uso – para minha frustração constante e a dos meus primos – era proibido durante o descanso sabático à tarde, hora habitual de nossas visitas. Em tais ocasiões, vovó tomaria seu lugar na ponta da mesa de jantar e, à medida que a tarde avançava, os membros da família reunir-se-iam em volta: o facho de luz sedoso, projetado pelo abajur, era o centro da casa, e vovó presidia tudo o que se passava ao seu redor, com condescendência, porém sem participar. Minha visão mais suave e agradável dela pode ser novamente colorida pela etimologia; *babcia*, vovó, diminutivo de *baba*, uma mulher velha, uma velha megera; mas *babka*, um diminutivo relacionado, também significa um bolo de fermento e ovos, amanteigado. Então, para mim, a personalidade da minha avó traz um sabor doce e fermentoso, mascarando a realidade mais dura e dominante que, de qualquer modo, jamais me foi mostrada.

Esses encontros permanecem na minha memória como uma disputa mais ou menos contínua, se bem que carinhosamente russa. Eles podiam brigar sobre qualquer coisa – quem deveria ocupar qual aposento no apartamento, como a propriedade na Volínia deveria ser administrada, o que o primeiro-ministro fizera de errado –, tudo em uma atmosfera rarefeita pela fumaça dos cigarros, entremeada por muitos copos de chá de limão e pequenos pratos de vidro com conserva de morango. As diferenças não eram resolvidas, mas a briga terminaria com um aceno de mão de um dos discutidores e as palavras *golubchyk, ya uzhe nie magu* (cuja tradução literal é "pombinho, não aguento mais"); ou mesmo, com mais irritação, *ostav minie v pokoyu* ("deixa-me em paz"). Ocasionalmente, um ou outro dos parentes de fato se retirava para outro aposento, mas muitas vezes o fim de uma disputa exigia apenas o rearranjo das cadeiras ou a mudança de assunto.

Não eram brigas que nós, crianças, levávamos a sério enquanto cuidávamos da nossa vida; e nunca notei o seu lado cômico até que a Companhia Kamerni-Stanislávski apresentou Tchékhov em uma temporada em Londres. As peças que, na tradução inglesa, sempre pareciam estranhas e elegíacas, de repente se transformaram, em russo, numa comédia de costumes que – ao contrário dos companheiros ingleses com quem eu participava dessas noitadas – achei familiar, bem como engraçada. Na minha memória, todos os "pombinhos" transformaram-se em um burlesco, como se a família da minha mãe estivesse representando um enredo de Tchékhov (inclusive o tiro de pistola no teto do meu tio), em seu distante exílio varsoviano.

Vovó havia gerado todas essas crianças e (aos sessenta anos) também quebrara uma perna que jamais se curou corretamente – daí os movimentos espasmódicos e mancos, e a bengala. Ela não podia, portanto, subir para a galeria das mulheres na sinagoga. Como era religiosa, muito mais do que o avô Melup (dizia-se que ele era partidário de caviar não *koscher* e de um charuto na tarde de sábado, que tinha de ir fumar no banheiro), seus vários filhos providenciaram que os serviços religiosos fossem oficiados no apartamento. Isso, de acordo com as regras, exigia a presença de um quórum de, pelo menos, dez homens adultos. Normalmente, havia muitos mais na casa de vovó no sábado de manhã. Tendo sido mimado pelo gosto, herdado do meu pai, pelos cantos litúrgicos, eu participava desses eventos com relutância. A voz do idoso erudito rabínico que liderava as orações não era firme nem melodiosa. Nessas ocasiões, os homens apinhavam-se no quarto do tio Monia, enquanto vovó e as outras mulheres sentavam-se no aposento intermediário entre o dos homens e o quarto dela, onde ela dirigia o serviço religioso, lendo as orações de um livro vermelho com capa de couro e lambendo o dedo indicador para virar as folhas soltas e desgastadas que escapavam da encadernação – outro gesto que passei a associar com religiosidade.

Haveria depois um bufê festivo no almoço, para todos os presentes – geralmente trinta ou quarenta pessoas –, uma variedade de frios, arenque, saladas, vodca, chá com limão (sem leite, por causa dos frios).

Os jantares de Páscoa judaica, o Pessakh, que também eram celebrados à grande (e, nessa ocasião, ampliada) mesa na sala de jantar dos Melup, sob o abajur, eram muito mais festivos. Pessakh comemora a fuga dos judeus da escravidão egípcia e o início de seu período de peregrinação de quarenta anos, prévio ao seu estabelecimento em Canaã, aquela terra prometida que se tornou a Palestina. Uma vez que o calendário judaico é lunar e não solar (ao contrário do juliano e do gregoriano posteriores), a Páscoa cristã, que é móvel e comemora a Paixão e a Ressurreição relatadas nos Evangelhos, entremeia-se com o Pessakh e coincide mais ou menos com ele.

Celebrávamos o primeiro dos dois jantares de Pessakh com os Melups e o segundo com os Rykwerts. O nome desses jantares – סדר –, *seder*, "ordem", implica todo um cerimonial, descrito em um livro de serviço religioso especial, a *Hagadá*, הגדה, "relato", com detalhes acerca da disposição dos alimentos prescritos sobre a mesa; as leituras associadas à festa; as músicas a serem cantadas; os pontos em que cada um dos quatro copos obrigatórios de vinho deve ser bebido; e assim por diante. A casa em que o *seder* seria realizado deveria, em primeiro lugar, ser purificada de pão fermentado; um pouco era sempre deixado para trás, a fim de que o dono da casa dele se desfizesse. A pessoa que preside a refeição deve ser um homem respeitado, reclinado sobre almofadas em sua cadeira – e como minha avó era viúva, isso geralmente era feito pelo mesmo rabino erudito, de barbas brancas, que oficiava os serviços do sábado. Uma cadeira vazia era deixada ao lado dele para o convidado ritual♦ (eu sempre esperava que ele aparecesse, uma figura fantasmagórica como o Commendatore em *Don Giovanni*). O que mais me importava era que, logo no início do *seder*, depois que o osso de cordeiro e o ovo queimado eram assinalados como o "pão da pobreza" eu, por ser a pessoa do sexo masculino mais jovem presente, tinha que formular quatro perguntas (um cargo que recebi aos oito anos, substituindo Abrasza, meu primo, então no final da adolescência), que são as seguintes: "em que difere esta noite de todas as outras noites?"; "por que o pão ázimo e por que as ervas amargas (geralmente raiz-forte e salsa)?"; "por que elas tinham que ser mergulhadas duas vezes em água salgada?"; e "por que tínhamos que comer reclinados em vez de sentados". Depois de fazer essas perguntas de forma clara no meu hebraico sefardita viril, os adultos agrupavam-se separadamente para recitar uma série de encantamentos em seu sotaque asquenazita mais suave e ininteligível, em vez de me dar uma resposta igualmente clara. Após ter feito tais perguntas durante dois ou três anos seguidos, protestei – as minhas perguntas certamente tinham de ser respondidas! Não formulei em voz alta essa quinta questão no jantar, é claro – eu era "santinho" demais para falar fora de hora –, mas depois. A resposta foi decepcionante. O burburinho adulto, que eu acompanhava na minha *Hagadá* – sobre como tínhamos sido escravos na terra de Faraó, e tudo o mais –, era, na verdade, a resposta!

Abraão Bielinki – Abrasza (o mesmo que fizera as perguntas antes de mim) – era filho de minha tia materna Rosa que, como seu marido, morrera na epidemia de gripe espanhola de 1921. Ele era tratado como o filho coletivo da família de minha avó, e tinha o seu próprio pequeno aposento no apartamento dela – mas tratava seus primos mais jovens com uma condescendente impaciência. De cabelos encaracolados, seco, sarcástico, ele era rebelde e fumava cigarros enrolados em um papel amarelo (*gilzy*), que ele encheria de tabaco tirado de uma algibeira, utilizando um pequeno tubo de metal articulado (como era bastante comum na Europa Oriental). Isso permitiu que eu e minha prima Irene tivéssemos a nossa primeira experiência secreta de fumar: fizemos o enchimento de forma desajeitada, mal conseguindo inserir algum tabaco dentro do tubo de papel, sem rasgá-lo. Depois de encontrar fósforos, ambos tragamos a fumaça, o que nos causou acessos de tosse desesperadores. Irene afirma que eu também passei mal – mas não é assim que eu me lembro. Embora eu tenha tentado fumar em outros momentos da minha adolescência, aquela primeira repugnância jamais me abandonou – nem a ela.

Em 1937, Abrasza desapareceu na Guerra Civil Espanhola. Ele era decididamente de esquerda; eu me lembro dele discutindo energicamente com nossos tios e com meus pais acerca da atitude indulgente deles para com Mussolini ("ele fez com que os trens passassem a andar no horário..."), e do silêncio que se seguiu a seu respeito quando sua partida foi decidida ou sua fuga descoberta – não tenho certeza qual. Nada se ouviu sobre ele depois disso, e o seu quarto foi mais ou menos esvaziado. Suspeito que ele tenha morrido logo depois de chegar à Espanha.

Mais Contradições

Por volta de 1931, meu avô Benjamin, que estava doente, abriu mão daquele apartamento espaçoso das minhas primeiras recordações e foi morar com sua filha chocolateira. O que havia em sua casa foi dividido entre os irmãos. Ele morreu dois ou três anos mais tarde. Eu estava ausente, de férias, e não me trouxeram de volta para o enterro, que se transformou em um grande evento público-tribal da comunidade judaica de Varsóvia, como fiquei sabendo por recortes de jornais que um primo encontrou para mim.

Naquela mesma época, a sorte do meu pai mudou: ele conseguiu negociar um acordo entre um grupo britânico de fabricantes de trem e as Ferrovias Nacionais Polonesas. Foi seu maior triunfo público e político, bem como pessoal e financeiro.

As ferrovias faziam parte do seu trabalho, mas elas eram igualmente outra paixão. Desde a adolescência ele tivera a ambição de se destacar em ocupações nas quais os judeus não fossem proeminentes – portanto, nada de medicina ou direito, nada de negócios ou finanças, mas sim engenharia mecânica e elétrica. Ele estava convencido de que a eletrificação era o futuro das ferrovias, a despeito de sua fascinação pelos motores a vapor. Ele aproveitou suas paixões para garantir que as Ferrovias Nacionais Polonesas se tornassem uma rede totalmente eletrificada e que isso se desse com tecnologia inglesa. Seu trabalho também lhe proporcionou – incidentalmente – um *status* oficial nas ferrovias e passe livre no sistema ferroviário estatal. Isso está associado a outra lembrança traumática. Levado por ele para a cabine de uma locomotiva na estação de Varsóvia, o amigável, gordo e bigodudo maquinista incentivou "o menino" a puxar uma alavanca de bronze, o que fez com que a locomotiva emitisse um apito repentino e estridente, deveras ensurdecedor. Eu desatei a chorar e corri para o meu pai, buscando proteção. Depois de me tranquilizar, ele ainda teve que consolar o pobre maquinista, cuja benevolência recebera em troca uma reação tão ingrata. Mas isso tudo aconteceu antes mesmo do acordo por ele negociado e que mudou o nosso modo de vida.

Uma Mudança de Circunstâncias

Aquela foi uma mudança abrupta. Ainda me lembro do choque. Voltamos de um feriado de verão passado em Marienbad, na Tchecoslováquia, uma elegante estação balneária apreciada pelo imperador Francisco José, e que sempre foi marcada por sua presença. Meu pai aguardava por nós na estação, como de costume, mas em vez de nos levar ao ponto de táxi, levou-nos para a nossa própria limusine preta, brilhante e imponente, onde o nosso motorista uniformizado esperava para nos conduzir à nossa nova casa. Meus pais haviam organizado toda a mudança durante os feriados. O carro, naturalmente, era incomum: um Pierce--Arrow (às vezes chamado de "a resposta norte-americana ao Rolls Royce"), cuja produção foi descontinuada em 1938. Um carro incomum era a vaidade mais cara do meu pai e, apesar de sua anglofilia, ele sempre preferiu carros norte-americanos.

A nova fortuna foi a sua recompensa por um acordo entre o governo polonês (as ferrovias eram estatais) e uma série de fabricantes britânicos (dos quais a Westinghouse britânica era a mais importante) para abastecer a Polônia com equipamentos destinados à planejada eletrificação. Ao passo que as negociações com os fornecedores alemães pareciam uma ameaça, meu pai astutamente promoveu um inventor nativo, um tal de general Lipkowski (que havia patenteado um freio elétrico), para entravar os fornecedores alemães enquanto ele negociava o acordo britânico. Lembro-me que o general (com todas as medalhas tinindo e o bigode beija-mão) veio tomar chá em casa uma vez. Depois que o negócio foi concluído, ele desapareceu de nosso meio. A anglofilia do meu pai triunfara.

O que eu não sabia, e na verdade nunca fui capaz de entender, eram as duas partes do acordo; a parte escrita era clara, mas havia também um entendimento verbal – no qual minha mãe depositava pouca confiança – com os seus colaboradores da Westinghouse, um "capitão" (título militar cujo prestígio – quando exibido por civis – foi depreciado por Evelyn Waugh) Peters e um sr. Aldridge, que exibia um perfeito bigode-de-escovinha. Suponho agora que ambos devem ter sido salafrários que ludibriaram o meu crédulo pai. Eles foram a Varsóvia em várias ocasiões nos anos de 1930 e ficaram conosco em Soplicowo – até mesmo dando mergulhos matinais em nossa piscina.

Tudo isso foi decidido antes de Hitler chegar ao poder. A anglofilia do meu pai era precoce demais para ter sido temperada por qualquer sentimento antinazista. "A anglofilia é, naturalmente, uma fantasia" – escreveu Ian Buruma[II], – "como todas as formas de *philia*, que podem facilmente degenerar em uma pretensão de se ser o que não se é". Meu pai certamente era um anglófilo, porém franco demais para mascarar a sua identidade. Ele pode ter mandado fazer suas camisas e ternos em Londres – mas encontrou um alfaiate judeu polonês. Ele jamais tomou providências para corrigir a dicção de Lancashire que adquirira ao estudar engenharia mecânica na Poly de Manchester e que se sobrepunha ao seu sotaque polonês. Ele próprio se recordava da origem de sua admiração pela Inglaterra e suas formas em um incidente jurídico muito conhecido de 1913, quando Rufus Isaacs (mais tarde marquês de Reading), na qualidade de Lord Chief Justice, proferiu uma sentença contra o governo tzarista, tornando a Grã-Bretanha o único país (como ele o via) onde um judeu poderia humilhar o odioso tzar e seus ministros.

Meu pai estava na Grã-Bretanha na época; vovô o enviara, em 1911, para a Politécnica de Verviers, perto de

Liège, na Bélgica. Não faço ideia de por que ela foi escolhida. Aparentemente, tampouco meu pai que, tão logo possível, mudou-se para a Grã-Bretanha: ele costumava se lembrar de ter pagado sua passagem, de Antuérpia a Liverpool, em um paquete, tocando balalaica para o capitão entre os seus surtos de enjoo. Encontrou em seguida um jeito de ir para Manchester, onde ganhava a vida parcamente dando aulas de hebraico, mas também se matriculou como estudante de engenharia na Politécnica. O tempo que ali viveu teria se sobreposto ao de Ludwig Wittgenstein – que fazia uma pesquisa de pós-graduação em aeronáutica, um assunto que meu pai teria de longe considerado "teórico" demais para o seu interesse. Estou certo de que eles nunca se encontraram, e não teriam nada a dizer um ao outro se isso tivesse ocorrido. Com a eclosão da guerra em 1914, ambos voltaram para casa e meu pai recebeu um diploma de emergência da Politécnica de Varsóvia, que lhe conferia um *status* automático, não comissionado, para ser convocado para o exército russo. Como judeu, ele não estava qualificado para a patente de oficial. De todo modo, ele foi capturado pelos alemães no cerco da fortaleza de Modlin, ao norte de Varsóvia, em seu primeiro grande avanço, e passou a maior parte da guerra como prisioneiro, consertando maquinário. Ele trabalhou como motorista do Conselho Regencial, de curta existência (de 1916-1918), constituído quando as Potências Centrais tentaram – por um breve espaço de tempo – recriar uma monarquia polonesa. Em novembro de 1918, ele era uma das poucas pessoas em Varsóvia capaz de conduzir um automóvel com alguma habilidade e, portanto, foi encarregado de examinar os primeiros taxistas motorizados da cidade: uma fotografia sorridente dele, rodeado pelos recém-credenciados, ficava pendurada em seu estúdio. O que sugere outra característica sua – que complementava a vigorosa energia: uma *joie de vivre* generosa, contagiante, que deve ter impressionado minha mãe, mais cautelosa, e depois encantado minha austera avó.

À semelhança de seu próprio pai, o meu era um homem apaixonado – impulsivo, bem como impaciente, levado facilmente às lágrimas como à fúria, excessivamente irritável, mas também generoso – e, como se constatou mais tarde, fatalmente confiante. Atarracado, com aproximadamente 1,77-1,79 m de altura, porém de movimentos rápidos, com uma abundante cabeleira grisalha, escovada para trás, ele era o que os antigos psicofisiologistas costumavam chamar de um tipo endomorfo – arrogante, se bem que também muito carinhoso. Ele desenvolveu uma espécie de cerimônia com os parentes mais próximos que repetíamos – geralmente no almoço de domingo. Todos se sentavam ao redor da mesa, de mãos dadas, por um ou dois minutos. Isso incluiria meus pais e irmão, nossa babá, e qualquer familiar presente. Martha, a cozinheira (de quem falarei mais tarde) seria convocada da cozinha, enxugando as mãos no avental: no que lhe dizia respeito, todos éramos parte da família. Era uma ocasião para uma celebração um tanto sentimental.

Ele tinha uma relação tensa com a cozinha: dotado de um senso desafortunadamente agudo de olfato, se enfurecia se pudesse sentir o cheiro de cebola, couve-flor e repolho cozinhando quando entrava na sala, ao voltar do trabalho. O alho era intolerável, é claro – odores de cozimento atacavam-no como moscas incômodas das quais ele não podia se livrar. Era uma obsessão curiosa para um fumante inveterado, que dava fim a uma caixa de cinquenta cigarros Navy Cut, da Player (ele trazia muitas dessas caixas azul-marinho – cada qual com a imagem do marinheiro barbudo estampada – de suas visitas a Londres), em um dia.

Isso, aliás, alimentou uma das minhas primeiras manias – a de colecionar, já que cada uma dessas caixas continha também um *card* com uma imagem (de jogadores de futebol, artistas de cinema, reis e rainhas; álbuns especiais poderiam ser obtidos para organizá-los) e envolvia todos os prazeres e irritações de concluir qualquer série, uma obsessão que eu, mais tarde, com o incentivo entusiástico do meu pai, converti em colecionar selos postais, organizando-os em álbuns, cada vez mais copiosos.

De qualquer forma, as janelas tinham que ser abertas como medida de precaução antes da hora habitual de seu retorno para casa – por volta das cinco da tarde. Ele teria visitado o seu bar favorito no caminho, À la Fourchette (os restaurantes elegantes locais em Varsóvia tinham nomes franceses, é claro), no centro da cidade, para um lanche e uma bebida. Meus pais fariam a sua principal refeição depois das seis (meu irmão e eu já teríamos comido mais cedo, depois de eu voltar da escola), quando a vida social se impunha. Eles ceariam ao voltar do teatro ou da ópera – ou mesmo de um cabaré. Esse era o arranjo diário.

A manhã era o período de trabalho dos criados: o fogão a carvão da cozinha era aceso todos os dias antes do café da manhã, apesar de ter um pequeno bico anexo de gás para chamuscar as penas das galinhas ou dos patos, bem como para preparar ocasionalmente o chá. Depois do almoço, minha mãe, em seu roupão, usaria o telefone para "conectar-se" com irmãos, irmãs e amigos e organizar sua vida social – principalmente em russo. Passando para o polonês, ela convocaria Martha para decidir o cardápio diário. Seguia-se o serviço de limpeza, que envolvia "arejar" todas as roupas de cama penduradas diariamente sobre as grades da sacada e golpeadas com um batedor de vime, de formato semelhante a uma raquete de tênis. Esse tipo de arejamento era muito comum, suponho eu, e o batedor, um objeto doméstico bastante convencional.

Minha mãe tinha muitas ideias fixas além da referente à necessidade de arejar diariamente a roupa de cama. Para ela, o miolo de pão era, do ponto de vista nutricional, inferior à casca, e a casca de cada pãozinho deveria ser esvaziada antes de comer. Mas sua verdadeira obsessão era com a sujeira, não apenas aquela tida como "matéria que se encontra no lugar errado", como afirma Mary Douglas, porém a de uma constante ameaça de infecção ou contaminação. A viagem por estrada de ferro exigia que as mãos recebessem a proteção especial de luvas de couro de cão contra máculas infeciosas deixadas pelo toque comum (lembro-me que o couro acamurçado cinza sobre o corrimão era luxuosamente reconfortante); talheres de metal em restaurantes e (especialmente) nos vagões-restaurante dos trens tinham que ser esfregados no guardanapo para se livrar dos vestígios potencialmente tóxicos do polidor de metais; as banheiras dos hotéis eram borrifadas com álcool desnaturado – ela sempre levava uma garrafa dele ao viajar – e o fogo, ateado com um fósforo. Ela acreditava, com razão, que o fogo era o melhor antisséptico.

Política

As ferrovias e a anglofilia podem ter sido a sua paixão particular, mas as paixões públicas de meu pai eram políticas: o sionismo e o nacionalismo polonês. Poder-se-ia pensar que elas estariam em conflito. Isso não acontecia: a sua dupla identidade, como polonês e como judeu, era mutuamente – quase dialeticamente – definidora para ele. No final dos anos de 1930, quando a Polônia tornou-se oficial e institucionalmente antissemita, ele ainda se recusava a transferir seus investimentos para fora do país ou a abandoná-lo, emigrando permanentemente – mesmo que para a Grã-Bretanha, que ele tanto admirava.

Quanto ao seu sionismo, ele era o tipo de sionista sobre o qual a velha piada dizia ser um judeu que tomava o dinheiro de um segundo judeu para enviar um terceiro judeu à Palestina. Só que, no caso do meu pai, tratava-se do seu próprio dinheiro que enviava outros judeus para lá; ele mesmo certamente não tinha planos imediatos de emigrar, embora seu objetivo quixotesco durante o início dos anos de 1930 fosse a união dos movimentos sionistas divididos. Como todos os *emigrés* – ou, pelo menos, grupos políticos desterrados –, o sionismo, desde os seus primórdios no fim do século XIX, havia sido persistentemente difícil de ser controlado. Uma cisão decisiva ocorreu no início dos anos de 1920, quando Vladimir Jabotinsky, um ardente orador e brilhante escritor de Odessa, constituiu-se em "líder" de um grupo revisionista: ele exigia um Estado judeu que ocuparia toda a Palestina, bem como a Transjordânia. Seus seguidores mais jovens foram organizados em unidades paramilitares, ao modo dos Fasci di Combattimento, de Mussolini, chamadas Betar. Eles (ironicamente) trajavam camisas marrons antes que elas fossem adotadas pela SA/ SS. Um fascismo judaico agora parece improvável, mas o revisionismo foi certa e conscientemente isso, reconhecido como tal pelo próprio Mussolini – pelo menos até a Itália também adotar as leis raciais. O Betar tornou-se o precursor do extremismo judaico posterior, quando a gangue Stern dele se originou. Menachem Begin liderou o forte grupo polonês do Betar e foi um dos tenentes de Jabotinsky.

Meu pai assumiu para si a responsabilidade de sanar a ferida e trazer Jabotinsky de volta para a congregação dos fiéis do sionismo. Algumas das negociações tiveram lugar em nosso novo apartamento. Lembro-me muito claramente de ter entrado sem permissão – eu devia ter oito ou nove anos – na sala principal e de haver encontrado um homem de cabelos grisalhos, amigável, mas desconhecido, que estava sentado em uma das poltronas. Ele me encorajou a entrar, fez-me sentar sobre seus joelhos e conversou comigo de maneira séria – e eu, é claro, sucumbi instantaneamente ao fascínio daquele homem tão carismático. Quando meus pais, cabisbaixos, chegaram (eles haviam sido retidos por curto tempo), ele já havia autografado um retrato que eu mantive na cabeceira da minha cama.

Meus pais se desculparam pela intrusão, mas Jabotinsky graciosamente dispensou suas desculpas. Ele estivera em muito boa companhia. No entanto, não foi tão complacente acerca de suas condições para retornar à congregação sionista: havia muitos pontos de atrito. Aquela negociação não foi um dos triunfos do meu pai.

Anatole

Fui enviado para um jardim de infância ainda pequeno. Curiosamente, apesar de as recordações de casa serem tão específicas e também certos odores nitidamente lembrados, minhas memórias do jardim de infância não deixaram nenhum vestígio. Elas devem ter sido curtas, antes do meu irmão mais novo, Anatole, nascer na mesma clínica em que minha mãe deu à luz a mim, seis anos antes. Ela estava localizada no número três da ampla Marszałkowska, rua Marshall – que agora, como então, é a principal rua de "negócios" de Varsóvia. Embora eu tenha apenas uma vaga lembrança de sua gravidez, recordo-me vividamente de ser levado para ver o bebê recém-nascido e de ter ficado maravilhado com a perfeição em miniatura de seus dedos sinuosos, tanto os das mãos como os dos pés.

Nascido em 1932, ele deve ter sido concebido no esplendor do grande triunfo diplomático e comercial do meu pai, mais ou menos na época de nossa mudança. À medida que ele cresceu, tornou-se logo evidente que seríamos muito diferentes. Ele era magro e nervoso, dado a mudanças de humor, mas extrovertido, ao passo que eu era mais atarracado e sossegado, introvertido e, como já disse anteriormente, um *nerd*. Ele puxou ao meu pai, e eu permaneci o filhinho da mamãe, mesmo que o destino, muito mais tarde, tenha feito dele o companheiro da minha mãe quando ela se mudou para Nova York, em 1948, e eu permaneci em Londres, comprometido com a Europa.

Quando minha mãe estava grávida, duas figuras importantes, fora do círculo familiar, entraram em nossa vida. A primeira foi a nossa cozinheira Martha, que mencionei anteriormente, cujo sobrenome eu nunca soube – ou do qual não me lembro. Uma jovem camponesa, ela devia ter menos de vinte anos quando foi trabalhar para nós. Rude e atarracada, não era nenhuma beleza, mas eu a admirava e ela, por sua vez, gostava muito de nós, as crianças, de modo que logo se tornou parte integrante da família. Ela também era uma excelente cozinheira, pelo que minha mãe tomava para si o mérito (talvez justificadamente), até mesmo uma *pâtissière* refinada; comandava a cozinha com ferocidade, e quando eu me transformava em um estorvo, ela enfiava um atiçador no fogo e brandia o objeto fálico, quente e vermelho, para mim. Este *mémoir* não faz nenhuma reivindicação psicanalítica ou eu poderia ter sugerido que a arma fálica também explorou as memórias enterradas do meu encontro, marcado por cicatrizes, com o ferro de engomar; seja como for, ela provavelmente nada sabia a respeito.

A outra pessoa era Klara Milewczyk, conhecida como Kaga (corruptela do meu irmão). Ela era do leste da Prússia, e se orgulhava disso, com um sentimento nunca completamente suprimido de superioridade com relação aos poloneses, se bem que deve ter sido suficientemente fluente em polonês para se comunicar com os demais criados. Apesar de seu físico delgado, ossudo – quase pontudo –, ela era cheia de uma bondade maternal que particularmente punha em prática com meu irmão, porque eu já era velho e rebelde demais para dela usufruir plenamente.

No entanto, ela me ensinou a cantar o pouco provável (vindo de mim) hino prussiano:

Ich bin ein Preusze, kennt ihr meine Farben
Die Fahne schwebt mir schwarz un weisz voran
Dass für die Freiheit meine Väter starben ...

Meus antepassados, é claro, não haviam morrido por tal coisa. Por outro lado, porém, ela também apreciava as canções de Mozart, Schumann e Schubert e, portanto, também os poemas de Heine e Goethe. Ao contrário de mim, ela possuía uma voz melodiosa, de modo que eu me familiarizei com as composições "Rösslein", "Lorelei" e "Komm Lieber Mai", que ela entoava como se fossem canções folclóricas: o que de fato se tornaram – assim como também se tornaram parte do meu saber do quarto de crianças.

O reinado de Klara durou cinco ou seis anos. Ela fora brevemente precedida, durante a gravidez da minha mãe, por uma jovem (estudante sem recursos, eu suspeito) de quem me recordo por causa de um episódio de injustiça. Quando passeava com ela numa ocasião, ocorreu-me que o odor que ela exalava (eu não tinha noção de que o cheiro do corpo pudesse ser, de alguma forma, ofensivo) se assemelhava ao de penas queimadas, familiar para mim de quando Martha chamuscava uma galinha na cozinha. Então lhe perguntei, movido por um espírito de investigação científica, por que ela tinha esse odor. Em vez de receber uma resposta factual que minha pergunta parecia merecer, acabei levando uma grande e forte palmada.

Dada por um membro relativamente humilde da família, tal palmada pode parecer chocante atualmente, quando qualquer forma de reprimenda corporal é censurada, mas para mim (como para qualquer um dos meus coetâneos) era algo natural. A impulsividade do meu pai fez dele um recorrente, se bem que irregular, administrador de palmadas e mesmo minha mãe, que era mais paciente, ocasionalmente me batia – em geral por causa do meu desmazelo. Eu, é óbvio, como todas as crianças, reagia fingindo ter me machucado e estar ofendido: mas isso era logo dissipado por sinais mais comuns e igualmente físicos de afeto. Não tenho consciência de nenhum dano psicológico permanente que tenha sido causado por essas palmadas – com uma exceção.

Apenas uma vez meu pai me deu uma verdadeira surra. Isso estava muito relacionado com a nossa nova casa e deve ter acontecido logo que nos mudamos. Havia um baldaquino de concreto, coberto de zinco, sobre a porta da frente, acessível a partir de uma janela no patamar da escadaria principal. Eu havia deixado cair uma bola da nossa sacada e, ao descer para recuperá-la, passei do patamar ao telhado do baldaquino e, da borda, dei uma olhada. Meu pai me viu e, quando entrei pela porta, arrastou-me irado para o quarto dele. Sem nada dizer, me deu tantas palmadas que, no final, sua mão deve ter ficado tão dolorida quanto o meu traseiro. Ele então se trancou no estúdio. Minha mãe não estava e caminhei tristemente pela casa, buscando em vão alguma simpatia da parte de algum criado. Não me lembro como esse episódio terminou. Depois de um dia ou dois, ele parece ter sido esquecido e não foi mais mencionado.

Por toda a minha vida adulta tenho sofrido de uma espécie de vertigem – um medo de altura, que pode me afetar ao subir três ou quatro degraus de uma escada, mas não quando eu olho, de um avião, para baixo. Será que meu pai me marcou dessa forma? Não posso dizer. É algo que me aborrece particularmente em andaimes (ou mesmo ao trocar lâmpadas), e que tem me agoniado nas construções. Mas nunca veio à baila nas minhas várias sessões de terapia.

A Nova Casa

Retomo as circunstâncias alteradas pela nossa mudança para uma área recém-construída de Varsóvia. Vovô Rykwert morava na parte noroeste da cidade, que, embora não fosse um gueto, era em grande parte habitada por judeus. Nosso novo lar ficava no primeiro andar de um bloco de apartamentos de três andares, com vista para o grande jardim de um orfanato da igreja de um lado, e para os pátios de alguns blocos habitacionais insalubres, ainda não enobrecidos, de outro. Éramos seus primeiros residentes. O orfanato de tijolos vermelhos, cujo telhado víamos por sobre as árvores (e cuja presença garantia nossa paisagem frondosa), estava ligado à igreja da paróquia de São Tiago, que eu aceitava naturalmente como parte integrante do meu ambiente quando criança. Era a obra-prima austera, de estilo neorromânico e tijolo aparente, de Oskar Sosnowski, um dos melhores arquitetos poloneses da época. Muito ocasionalmente Klara me levava até seus interiores cavernosos, que minha memória mal iluminava com velas bruxuleantes.

Da rua entrava-se em nosso apartamento subindo uma escada de mármore com grades de ferro forjado que suportavam um corrimão de bronze brilhante; a porta no patamar era revestida com madeira de nó de olmo amarelo, seus painéis, delineados por frisos delgados de ébano (ou, pelo menos, ebonizados). Dentro, havia um saguão de entrada espelhado e pouco profundo, a partir do qual um corredor conduzia aos quartos, à esquerda, enquanto salas de visita abriam-se à direita. Em frente à entrada ficava o estúdio do meu pai, provido dos móveis de estilo Império de mogno e ouropel da sala do meu avô, que mencionei antes. Através de pesadas portas de correr envidraçadas, passava-se para a sala de estar principal: o tapete Aubusson do vovô cobria o chão, cadeiras com armação de madeira de estilo Chippendale especialmente encomendadas eram tão triviais quanto os sofás, embora fossem estofadas em couro e veludo bege. Na generosa *bay-window* que iluminava a sala, havia uma estante que continha uma edição padrão de 99 volumes dos três grandes poetas "românticos" – Mickiewicz, Słowacki e Krasiński (não do seu "avançado" contemporâneo, Norwid), bem como a décima primeira edição da *Encyclopaedia Britannica*, em papel da Índia e encadernada em couro mole. Muitos anos depois vim a saber ter sido essa a sua última edição cuidadosamente revista e fidedigna. De todo modo, eu não tinha permissão para mexer nela – o que me faz recordar de outro deslize. Ao virar suas leves páginas proibidas na ausência dos meus pais, cortei o dedo. Eu não sabia que papel fino poderia cortar, então observei, com desconforto, chocado e indefeso (mental e fisicamente), como o meu sangue fez uma mancha escarlate indelével na borda dianteira da folha. Por sorte, meus pais raramente a consultavam, e meu deslize nunca foi descoberto.

Os outros livros proibidos eram volumes de capa mole, encadernados em camurça e impressos em papel couché espesso e brilhante, que repousavam sobre a mesinha de centro e que, de todo modo, certamente não se destinavam à leitura. Eram o *Outline of Art*, de sir William Orpen, e o *Outline of Literature*, de John Drinkwater – presentes, imagino eu, para os assinantes de algum periódico caro. O livro de Drinkwater me causou um terror ancestral: uma de suas ilustrações era a gravura de Gustav Doré para o Canto xxxi da *Divina Comédia* de Dante, em que o gigante Anteu, "que em cinco braças à borda sobreleva", toma Dante e Virgílio em sua mão e os leva ao círculo mais baixo do inferno. O próprio Dante ficara tão apavorado que desejou ter ido por outro caminho

> E fu tal ora
> ch'io avrei volut'ir per altra strada...

O enorme vulto me parecia desafiar todo senso de medida: e meu manuseio excitado do proibido livro de Drinkwater envolvia virar duas páginas de uma só vez à medida que eu me aproximava de Anteu, de modo a ver e a não ver a imagem aterrorizante. Mais tarde, outra ilustração causaria um medo semelhante, porém mais maduro: em um livro sobre as realizações da engenharia moderna, que ganhei quando eu tinha cerca de dez anos, havia uma imagem, em página dobrada, de várias ascensões – pipas, aviões, foguetes, balões –, com a escalada estratosférica de Picard ainda a mais alta, e as luzes do norte penduradas como cortinas sobre tudo. E além?, perguntei à imagem – e a mim mesmo: a lua, as estrelas, o sol e tudo o que eu conhecia – e além disso? Miríades de estrelas até o limite do universo. E depois desse limite? Ou será que havia algum limite?

Abrindo diretamente a partir do saguão de entrada e conduzindo para a sala de estar, ficava o *boudoir* da minha mãe: acima de um sofá havia uma estante embutida repleta com os últimos livros da moda da classe média (e alguns da classe alta). Mais à frente do *boudoir* ficava a sala de jantar, que também podia ser acessada a partir da sala de estar – ambas conectadas por um terraço externo. Todos os anos, nas floreiras do terraço eram plantados os mesmos gerânios vermelhos tediosos, que eu odiava por causa do odor amargo, bolorento, quase podre, que exalavam. Ainda odeio o vermelho vulgar de gerânios e seu cheiro amargo.

Meu pai havia encomendado a mesa, as cadeiras e o aparador da sala de jantar; eles eram revestidos de madeira de bordo, em tom palha, uma espécie de estilo Império modificado. Um grande aparador com frente de vidro estava cheio de louça de porcelana "nobre" e de vidro lapidado. Acima dele pendia uma série de pinturas polonesas medíocres, a maioria delas sobras de um dos gestos mais impetuosos do meu pai. Ele havia ido a uma exposição de pintura polonesa moderna, em Londres, no início dos anos de 1920, antes de meus pais se casarem, e achou que dois dos quadros da mostra eram ofensivamente antissemitas. Ele os comprou e quis levá-los imediatamente. Mas as compras em galerias só podem ser retiradas depois que a exposição termina. Informado disso, meu pai comprou toda a mostra e fechou a galeria. Como ele se livrou da maioria desses quadros, jamais soube. O que restou estava pendurado em nossa sala de jantar, assim como duas grandes fotografias em sépia de seus bisavós Rykwert/Pozner. Entre os dois pares de portas havia uma mesinha sobre a qual ficava um telefone retangular preto, laqueado, com decalques dourados e uma manivela que deveria ser girada para se conectar ao telefonista.

A sala de jantar era a última do conjunto de aposentos. Mais adiante havia uma despensa e um lugar para guardar louça (onde o aparelho de louça especial para a Páscoa judaica era guardado, embora não tivéssemos louças e talheres separados para leite e carne, como faziam os judeus mais religiosos), para os quais havia uma entrada separada a partir das escadas de serviço, e que conduzia à cozinha propriamente dita, o reino de Martha; ela também ocupava um quarto de empregada adjacente. Todos os alimentos eram cozidos e assados naquele fogão a carvão ladrilhado, ao passo que o armazenamento a frio era feito em um longo armário sob as janelas, que tinha seu bloco de gelo reabastecido de dias em dias. A chegada do novo refrigerador elétrico, dois ou três anos após a nossa mudança, foi um acontecimento de importância monumental para a família, se bem que aquele equipamento passasse a ser encarado como coisa corriqueira com uma rapidez surpreendente. Tudo isso ficava à direita.

Voltando ao saguão de entrada, a porta à esquerda se abria para um curto corredor que dava acesso a um trevo: um grande quarto de crianças, ocupado por meu irmão e Kaga, assim como por mim. Esse quarto era exclusivamente de língua alemã, embora Anatole tivesse esquecido completamente o idioma no decorrer do ano após a partida de Kaga e assimilado o polonês na mesma rapidez com que seu alemão desapareceu. Tampouco me recordo de termos sido sentimentais com relação a ela – o que não significa que não nos alegramos ao vê-la quando foi nos ver uma ou duas vezes depois. Outras áreas correspondiam a diferentes idiomas: no quarto dos meus pais falava-se intermitentemente russo e polonês. Na habitação dos criados, exclusivamente o polonês. O banheiro de azulejos brancos era linguisticamente misto.

Ali me era permitido ver o meu pai fazer a barba com uma navalha (que ele afiava em uma tira de couro) nos fins de semana e, ocasionalmente, fazer flutuar vários brinquedos, enquanto ele ficava de molho em seu banho matinal. Em outros momentos, a banheira era cheia de água fria para uma carpa viva – com quem tentei em vão estabelecer comunicação antes que ela fosse tirada da água, decapitada por Martha e cortada em pedaços retorcidos que depois seriam recheados. Embora eu desaprovasse as ações assassinas de Martha e lamentasse não ter sido capaz de me comunicar com a carpa antes que ela fosse sacrificada para o nosso jantar (acho que das sextas-feiras), não me ocorreu recusar um desses pedaços, agora inertes e deliciosos, elaboradamente decorados com rodelas de cenoura, fatias de limão e salsa. Tampouco jamais tentei transformar as volutas do corpo escamoso da carpa em uma arquitetura nova, como faria Frank Gehry muito mais tarde.

O bairro tinha um jardim semipúblico ao qual meu irmão e eu éramos levados até que comecei a ir à escola; daí ia nas férias. Meio pomar de mercado, meio parque, tinha uma área destinada às crianças, onde cultivei meus primeiros rabanetes, cenouras, tomates: ele me propiciou uma noção do crescimento de coisas para comer e não como ornamentos, o que sempre me fascinou – embora atualmente eu limite essa atividade a ervas em vasos de flores. A parte de trás dos jardins dava para um grande espaço semelhante a uma campina, os campos Mokotów, que ofereciam vários espetáculos: o mais impressionante entre eles se dava quando era usado como um aeroporto para aviões de pequeno porte e planadores, já que o voo de planadores e o balonismo haviam se transformado nos esportes nacionais poloneses. Mas virou uma verdadeira glória para nós – ainda que transitória – quando se tornou o ponto de partida da competição de balões Gordon-Bennett por três anos consecutivos. Por dois dias, poderíamos ver os panos volumosos e flexíveis ao longo do muro do jardim, à medida que eram inflados lentamente com hélio, transformando-se em esferas multicoloridas que – uma a uma – faziam sua majestosa partida.

Na esquina da casa existia um estabelecimento diferente – um laticínio que consistia em uma pequena loja de frente e um longo estábulo atrás, com duas fileiras de vacas que eram levadas ao pasto (a cerca de meia milha de distância) na maioria dos dias. O leite dos úberes era colocado em um balde de esmalte e vertido, em conchas, no cantil ou jarro entregue pelo cliente na loja da frente. No entanto, nem tudo era idílico em nosso bairro. A rua para a qual dava nosso apartamento terminava, a trezentas ou quatrocentas jardas não "gentrificadas" de distância, em uma loja de bebidas do governo (a vodca era um monopólio estatal), e para nós estava fora dos limites permitidos nas noites de sábado por causa de bêbados agressivos. A extremidade sul da nossa rua ficara bastante vulgar.

A Fissura

À medida que minha adolescência se aproximava, ficou óbvio que eu tinha pés chatos. Meu pai, já alarmado pelas minhas propensões a *nerd*, viu minha carreira esportiva desaparecer. Os médicos foram consultados. Uma praia de cascalho era a resposta, disseram alguns – as praias do Báltico ou do Mediterrâneo eram arenosas demais. A solução acabou sendo Brighton, e a praia de Brighton significa uma tortura para mim desde então. Brighton, no entanto, tinha outra atração para o meu pai; uma escola judaica (cujo diretor tinha ambições de se juntar à Associação dos Diretores e assim transformar a sua instituição em uma escola pública – na acepção inglesa), que investira na contratação de bons professores de idiomas, o que fez dela um centro de ensino de inglês para crianças estrangeiras. Já que a escola tinha a pretensão de ser uma instituição influente, o estilo escolhido para o seu edifício era arriscado – para dizer o mínimo. O arquiteto A.V. Pilichovsky (espectro do dr. Strabismus, de Evelyn Waugh – que mais tarde mudou seu nome para Vivien Pilley) o construiu com uma planta em forma de catavento e uma escadaria envidraçada ao centro (a refinada "escada em espiral" do guia *Sussex,* de Pevsner, p. 443). A construção era de concreto fundido *in situ*, com isolamento de cortiça. As janelas eram uma tira horizontal, com moldura de metal – e havia um grande salão-ginásio envidraçado que servia de sinagoga aos sábados. Era chamado Whittinghame-College. O nome, aparentemente fictício, em inglês antigo era o da casa de lorde Balfour em East Lothian onde, em 1917, ele assinou a declaração em favor de um Lar Nacional Judaico. Suspeito que o meu pai também tenha sido persuadido a investir no empreendimento.

Fui enviado para lá, por um mês ou mais, em 1934, para aprender inglês. E de fato aprendi um pouco. Como recompensa, nos mudamos para Bournemouth, onde a praia arenosa era menos pedregosa e lá, em uma manhã soporífera, enquanto eu dormia no quarto de hotel dos meus pais, percebi que nem tudo estava bem. Eles estavam brigando. A *sotto voce*, para não me acordar. Eu, na verdade, cochilava, mas fingi dormir ao perceber que minha mãe ameaçava partir levando meu irmão e eu a reboque. Na época, não pude compreender por que, mas juntei minhas reminiscências com alusões que ela deixou escapar depois – ela nunca teve a coragem de ser explícita sobre isso e tinha um jeito de descartar perguntas desagradáveis com um encolher de ombros e um aceno de mão. Nunca descobri muito mais sobre o que acontecera – apenas que o meu pai havia jurado que "aquilo não significava nada", e não se falou mais sobre meus pais se separarem.

Meu pai, *homme moyen sensuel*, deve ter achado a minha mãe um tanto intensa e magnânima apesar de todo o seu charme. Idealista acerca do futuro de Israel, ela costumava me explicar que seria uma terra de amor livre que tornaria ambos, o casamento e a prostituição, redundantes. O fato de que aquele amor, por mais livre que fosse, nem sempre pudesse ser correspondido, não fazia parte das suas considerações. Em todo caso, tudo isso ocorreria em algum momento no futuro – no presente, ela não estava preparada para tolerar desvios casuais do meu pai.

Uma Profissão

Outro símbolo do sucesso pós-1930 do meu pai chegou por encomenda postal (eu devia ter sete ou oito anos de idade), em várias e enormes caixas de papelão endereçadas a mim: elas continham uma maquete em escala da Basset-Lowke (de 15 cm – se bem que minha memória pode tê-las ampliado um pouco; elas pareciam gigantescas, de qualquer maneira) do motor do Flying Scotsman e dos vagões da LNER (London & North-Eastern Railway), bem como uma grande quantidade de trilhos (incluindo vários cruzamentos) para eles correrem. Fiquei emocionado, é claro. Mas houve igualmente um toque de decepção, que tentei esconder, quando percebi que o motor era a corda. O filho do nosso vizinho do andar de cima também tinha um modelo de trem – inferior, na visão de meu pai, pois era alemão, mas não na minha, pois o motor funcionava a vapor real, produzido por blocos de combustível sólido inseridos no forno, enquanto a cisterna estava cheia de água e, portanto, soprava fumaça "real". A decepção do meu pai, entretanto, foi mais profunda: ele achou que eu não havia gostado do modelo pela mecânica em si, já que eu criaria "paisagens" inteiras ao redor dos trilhos, depois de montados no quarto das crianças, ou mesmo – às vezes – na sala de estar: as cadeiras poderiam ser alinhadas para configurar túneis, os tapetes dobrados como colinas, enquanto os demais brinquedos poderiam se passar por estações ferroviárias, e assim por diante. Ele tomou isso como um aviso de que eu poderia ter uma atitude fundamentalmente insensata no tocante a motores e engenharia.

Por mais emocionante que fosse o modelo ferroviário, uma compra diferente teve um efeito muito mais poderoso (embora menos imediato) em nossas vidas: poucos meses depois do seu sucesso, meu pai comprou um lote de terra, de bom tamanho, em um subúrbio-jardim ambiciosamente planejado, ao sudeste de Varsóvia, perto de uma pequena cidade-mercado chamada Otwock. Era mal arborizada – houve ali um incêndio devastador há cerca de vinte anos –, mas vidoeiros prateados sinuosos e pinheiros crostosos haviam crescido rapidamente no solo arenoso, enriquecido pelas cinzas. Cogumelos de campo surgiriam na grama depois de qualquer chuva e uma abundância de boletos, cantarelas e mirtilos podia ser colhida na floresta até o final do verão e no outono. Tal foi a minha gleba, o solo a partir do qual eu cresci.

Para além de algumas colinas que ocasionalmente subíamos, serpenteava o preguiçoso Vístula. Sabíamos que ele era traiçoeiro e uma noite, quando voltávamos para casa de carro, fomos parados por uma procissão com tochas ardentes: o cadáver de uma criança afogada, que fora puxado para fora do rio, estava sendo levado para a igreja local. A cena ominosa já bastava como advertência. Mantínhamos uma distância segura das margens do rio.

Apesar de todas as pretensões de ser um "jardim", era um empreendimento imobiliário modesto, que havia sido loteado para venda, mas os incorporadores, bastante pedantes, deram à propriedade um nome literário, Soplicowo (em homenagem à fictícia aldeia na Lituânia, cenário de Mickiewicz no seu épico poema *Pan Tadeusz*). Meu pai chamou seu terreno de "Arcy", na verdade, uma transliteração do hebraico ארצי, (*artzi*), "minha terra", que também podia ser lido como um homônimo do prefixo polonês ("arqui", em português), sugerindo algum tipo de excelência. Nesse terreno meus pais construíram uma casa.

Um arquiteto, que já tinha feito o projeto do interior do nosso apartamento, foi contratado para planejar a operação.

Lucjan Korngold era um modernista promissor. Mas ele teve que negociar o estilo com minha mãe, e o resultado deve ter sido uma mistura daquelas revistas mensais ilustradas mais sofisticadas. Tenho hesitado sobre o rótulo, mas suponho que "hispânico hollywoodiano" se encaixa. As paredes externas apresentavam um acabamento de estuque rústico, tingido de um amarelo cremoso. Os elementos de madeira do telhado, com manchas escuras, ficavam expostos como beirais no exterior e como tetos de madeira nos principais aposentos, no interior; o telhado em si era de telhas capa e canal. As janelas, ao nível do solo, eram formadas por grades pretas de ferro forjado. Não é o que Mickiewicz tinha em mente, nem o que o arquiteto queria. Embora não fosse um Le Corbusier, Korngold emigrou para o Brasil no final dos anos de 1930 e construiu o primeiro arranha-céu "moderno" no centro de São Paulo, onde teve uma carreira profissional muito bem-sucedida – e, recentemente, há bastante interesse por sua obra por parte dos historiadores de arquitetura, tanto em Varsóvia como em São Paulo.

De qualquer forma, antes do início da construção, ficamos cientes de que rumores fantasiosos sobre as desmedidas ambições dos meus pais circulavam entre os vizinhos. Ao passarmos certa vez por uma *pension* próxima, minha mãe e eu encontramos um vizinho, rico e excêntrico, e cuja ocupação principal, dizia-se, era atirar em gralhas e corvos que ele odiava (simpatizo com ele). Ele conhecia minha mãe apenas como senhorita Melup, e cumprimentando-a pelo seu nome de solteira, contou-lhe sobre os planos do louco milionário Rykwert, que iria construir grandes estábulos e uma pista de corridas de cavalo em sua terra. Ao que parece, não ocorreu-lhe que a criança de sete ou oito anos de idade, que caminhava ao lado da senhorita Melup, pudesse ter alguma ligação com ela. De qualquer forma, fui muito elogiado por manter uma expressão séria durante todo esse relato fantasioso.

Quando começou a construção, o local foi fechado com uma cerca de tela de arame; era guardado por um feroz pastor-alemão, que corria para cima e para baixo ao longo do arame ao qual a sua corrente estava presa (e, por um tempo, também por um *bloodhound* maravilhosamente tolo que, para minha tristeza, foi sacrificado quando uma de suas patas ficou paralisada). O portão abria-se para uma estrada reta. Choupos da Lombardia foram plantados em ambos os lados. Uma série de degraus conduzia à casa, que se erguia sobre uma plataforma elevada, uma colina natural, aterraçada em granito azulado da pedreira dos tios Melup. Do outro lado, a colina descendia, através de um campo de *croquet*, até uma piscina. Ao lado do portão externo havia uma casa menor, com dependências para o jardineiro e sua família, e um escritório para o caseiro, uma garagem e um estábulo (apenas para uma vaca – se bem que jamais tivemos uma e ele acabou se transformando em um estábulo para o ocasional cavalo de carruagem). Para além da pequena casa havia uma horta/pomar quadrada, grande o suficiente para suprir nossas necessidades, bem como um cercado de arame para galinhas e coelhos.

À medida que a casa era erguida, viajávamos de vez em quando de Varsóvia para lá, a fim de inspecionar seu progresso. A viagem de vinte milhas – as últimas cinco por uma estrada de terra – teria sido impossível no Pierce Arrow, e Krajewski, nosso motorista, dirigia na época um Studebaker muito mais esportivo, o único bege na Polônia.

Essas visitas foram o meu primeiro e emocionante contato com a construção. Permitiam-me subir no andaime, e um ou outro dos amigáveis pedreiros mostrava-me, de vez em quando, como usar uma trolha e assentar os tijolos com auxílio do fio de prumo. Essas bordas seguiam as linhas que o arquiteto (ou seu escritório) tinha antes estabelecido em desenhos, que os pedreiros ocasionalmente consultavam. A identificação das linhas nos desenhos com as cordas esticadas para nivelar os tijolos dava às folhas de papel uma autoridade que eu não conseguia entender.

Quando a casa atingiu sua altura total e o último tijolo foi colocado, houve uma festa. Um pinheiro decorado com fitas e laços foi pregado na cumeeira. Ao lado da casa tosca, sem reboco, bebidas e lanches foram oferecidos para toda a equipe de construção, bem como para os meus pais, em uma mesa montada sobre cavaletes e coberta com um pano branco. Houve breves discursos e brindou-se à prosperidade da casa. Tudo pareceu uma cerimônia atávica, inusual e estranhamente emocionante, mesmo que eu não pudesse realmente dizer por quê. Os adultos aceitavam tudo como coisa natural e, assim, ninguém me disse do que se tratava.

Ocupamos a casa no outono de 1937; as dependências das crianças eram muito mais amplas do que na cidade. A grande sala de estar no andar de baixo, com uma lareira, também permitia ao meu pai mostrar seus melhores tapetes Kilim. Eles decoravam a escada aberta que fazia parte da sala e conduziam a uma saleta de almoço no aposento. A sala de jantar ficava em ângulo reto com a sala de estar; o teto de madeira escura manchada, em caixotões, cada um deles guarnecido por um prato rústico de cerâmica ornamentado e virado de cabeça para baixo. Minha mãe considerava essa ideia, bastante cafona, como sendo sua e ficou muito ofendida quando Korngold a adaptou em sua própria casa — como fiquei sabendo, ao escrever este livro, por parte de um diligente pesquisador em Varsóvia.

Entre os braços do "L" formado pelos dois aposentos — e completando o contorno retangular da casa — havia uma sala arqueada, ao ar livre, que passou a ser a sala de jantar no verão.

No andar de cima, o quarto dos meus pais abria-se, de um lado, para um *boudoir* e a sala do café da manhã e, do outro, para o bem mobiliado quarto de vestir do meu pai. Servia ao mesmo tempo como sua sala de armas (embora ele tivesse uma arma, não tenho nenhuma lembrança de ele haver atirado em algo). A sala de armas/quarto de vestir dava para um terraço, que era o próprio telhado de uma confortável suíte para visitas – como atualmente é chamado o anexo – e que foi de fato destinado à vovó Melup. Meu irmão e eu tivemos, pela primeira vez, quartos separados com nosso próprio banheiro, e até mesmo nossa própria sala de visitas que, na última primavera e verão de 1938-1939, foi ocupada por um tutor masculino, sucessor de Kaga.

Poucos meses depois de nos mudarmos, a conversa começou a girar em torno do meu futuro. Anunciei que queria ser arquiteto. Meu pai foi incisivo, como sempre. "Você não pode fazer isso", disse ele. Quando perguntei o porquê, ele respondeu que, então, eu teria que "fazer o que as mulheres me dissessem". E acrescentou que ele poderia tolerar a ideia de engenharia civil, mas não queria saber de arquitetura. Creio que ele estava se lembrando do jeito que minha mãe tratou o pobre Korngold. Eu nunca presenciei essas ocasiões dolorosas em que ela venceu, pela imposição do seu argumento, o *know-how* do relutante arquiteto para sua casa ideal, nem tampouco tinha qualquer interesse real nas brilhantes revistas inglesas e norte-americanas *Ideal Home*, que forneceram o material de sua imaginação. Havia, de qualquer modo, algo de "artístico" em todo esse negócio de arquitetura, e uma atitude pretensiosa com relação à arte era algo que meu pai tratava com condescendência paternalista. Ele me lembrou das visitas regulares de um velho amigo seu, um dramaturgo, agora esquecido, que se especializou em comédias de costume e o procurava em intervalos mensais para mendigar dinheiro. Tão logo concluídas, suas comédias sempre seriam encenadas em teatros locais e ele receberia uma quantia total de dinheiro que gastava em algumas poucas semanas desenfreadas em um dos melhores hotéis dando festas ocasionais – ele preferia o luxo por três semanas e a pobreza por um par de anos à parca suficiência por dois anos e três semanas. Era uma atitude que meu pai meio que admirava, mas que ele apresentava para mim como uma espécie de elemento dissuasivo: minha atitude pretensiosa com relação à arte só iria me levar para maus caminhos, e a arquitetura, embora pudesse ter algo a ver com a construção de coisas, tinha traços dela.

O que eu havia experimentado fisicamente e que muito me impressionara, porém, não era nada "metido a artístico" e sim muito a parte do fazer da arquitetura: a forma como as paredes de tijolo eram erguidas para fechar áreas, como as paredes eram prolongadas com vigas de madeira para fazer volumes – tudo segundo projetos, ideias que haviam sido formadas na mente de alguém. Parecia um exercício de capacidade mental muito mais intrigante do que qualquer domínio sobre máquinas. Apesar da expressa oposição do meu pai, perguntei a Korngold, quando ele foi almoçar em casa, qual seria, entre Oxford e Cambridge, a melhor escola de arquitetura (ele deve ter achado que eu era insuportavelmente petulante). Nenhuma delas, disse ele. A melhor opção na Inglaterra era a Architectural Association, em Londres. Engoli aquele pedaço de informação – por incrível que pareça, foi exatamente ali que acabei chegando, dez anos depois. O pressuposto de que eu iria estudar na Inglaterra nem precisava ser expresso: teria sido a primeira escolha dos meus pais, em qualquer caso.

Nenhum judeu gostaria de estudar em uma universidade polonesa naquela época. Recordei-me das ressalvas do meu pai quando, poucos anos atrás, visitei uma casa no Grande Canal de Veneza, que fora totalmente destruída e reprojetada por Carlo Scarpa – o mestre veneziano do detalhe arrebatador. "O senhor não deveria me enviar uma conta?", nossa anfitriã perguntou ao arquiteto à medida que o trabalho avançava. "Certamente que não", ele respondeu de forma resoluta. "Mas por que sempre 'não'?", ela insistiu. "Porque se eu fizer isso, você poderá pagá-la, e eu terei que fazer o que você diz." Scarpa repassaria a ela uma conta que ocasionalmente recebia do seu dentista ou advogado. Ela nunca lhe pagou diretamente.

A Política na Polônia Pré-Guerra

Em 1935, Józef Piłsudski morreu. Durante nove anos – toda a minha vida até aquele momento – ele fora o ditador *de facto* da Polônia, após um sangrento golpe de estado no final da primavera de 1926, um mês depois que nasci. *De facto*, uma vez que ele não violaria a constituição parlamentar. Piłsudski nunca havia sido presidente ou primeiro-ministro, mas, um após outro, secretário das Relações Exteriores, ministro da Guerra, comandante-em-chefe do Exército. Ele fora membro de cada governo depois de seu golpe de estado, dominando-os de fato, não apenas aparentemente. Não havia execuções políticas, embora alguns políticos fossem presos e outros exilados. As publicações eram restritas pela censura, se bem que a sátira fosse tolerada – até certo ponto. Um ex-socialista, como vários outros ditadores de sua época (ainda que, ao contrário deles, descendesse da velha aristocracia fundiária), ele alcançara a sua patente militar e seu prestígio comandando em campo as "legiões" que organizara para lutar com as "Potências Centrais" (Áustria e Alemanha) contra os russos, a fim de estabelecer um Estado polonês. O fim de seu reinado foi obscurecido pela demência e outros problemas de saúde. No entanto, seu regime fora amplamente disseminado, e mesmo nossa circunspecta escola conferia uma deferência conformista ao "Marechal", reverberada por setores da imprensa, de modo que eu, bastante impressionável – para perplexidade dos meus pais – realmente derramei lágrimas com a notícia de sua morte.

Seu funeral foi uma cerimônia do Estado, com pompa mesmo – seu corpo embalsamado (como é que ele, na morte, está como era em vida?, questionou uma pessoa espirituosa: "sem coração, sem cérebro") foi carregado em uma carreta de canhão pelas ruas de Varsóvia, do Belvedere (como era chamada a sua pequena residência-palácio) à catedral. Eu assisti ao cortejo da sacada do escritório de um dos colegas de trabalho do meu pai, que ficava no percurso. Minhas lágrimas anteriores foram esquecidas, diante da animada antecipação do espetáculo: longas filas de membros do clero carregando velas (devia estar ali todo o clero da capital e da província), os militares portando suas inúmeras condecorações, os bispos com suas mitras e as bandas da cavalaria tocando marchas fúnebres de Chopin e Beethoven e, finalmente, o caixão drapeado em uma carreta de canhão puxada por um cavalo.

Na catedral, o caixão foi colocado sobre um catafalco aberto, sob longas cortinas que pendiam das abóbadas. Após o réquiem solene, outra procissão levou o caixão para o Campo de Mokotów (o mesmo em que os balões eram preparados para as competições Gordon-Bennett), onde foi colocado sobre um palanque para que o exército desfilasse diante dele e batesse continência. Um trem especial foi escolhido para transportar o caixão de forma lenta e cerimoniosa, percorrendo a metade da Polônia até Cracóvia, à catedral do castelo de Wawel, onde lhe foi dado um lugar entre os reis da Polônia, no seu caixão de prata, com frente de cristal.

O funeral de Piłsudski foi um caso muito especial – porém desfiles e procissões eram grandes ocasiões populares, realizadas regularmente, e que envolviam enormes multidões, bem ao contrário dos eventos reais britânicos, muito mais disciplinados. A procissão anual de Corpus Christi era uma delas, com altares de rua elaborados, ornamentados de flores por toda parte: sempre haveria um altar em nossa rua – mas teve outras ocasiões em que bandeiras eram penduradas em todas as sacadas, bem como tapetes, com fotos apropriadas (patrióticas ou religiosas) sobre elas. Proliferavam igualmente marchas de protesto: o 1º de maio, Dia do Trabalhador em muitos países, era um dia de manifestações populares de esquerda que, muitas vezes, envolviam confrontos de rua com a polícia. Eu não tinha permissão para sair de casa naquele dia, contudo assistia da nossa sacada à multidão irada e mal-humorada, com seus estandartes e bandeiras vermelhos, movendo-se rapidamente ao longo da rua principal próxima. Havia formações de judeus no meio da multidão, do "Bund", como eu bem sabia, já então.

Dois dias depois, outro evento anual, porém bastante diferente, seria celebrado – o aniversário da Constituição de 3 de maio de 1791. A solenidade comemorava a última tentativa desesperada do Commonwealth de fazer uma reforma antes da segunda partilha, e era celebrada por um desfile militar muito diferente, quase um balé. Um palanque para o presidente seria erguido sob a espada estendida de um bronze equestre de Bertil Thorvaldsen, de tamanho real, do príncipe Józef Poniatowski (sobrinho do último rei polonês e um dos marechais de Napoleão), morto na Batalha de Leipzig, em 1813. A estátua imitava a de Marco Aurélio no Capitólio romano, e erguia-se sobre um grande pódio de granito liso diante da alta colunata coríntia, sobre uma base arqueada. Aquela proteção conectava as alas do sóbrio e neoclássico Palácio Saxão análogo, além do qual havia um jardim à francesa, mais antigo, de estátuas, fontes e canteiros de flores que fora transformado em um parque municipal. O nome lembra Augusto II, o Forte, e Augusto III, os dois príncipes do Eleitorado da Saxônia que conseguiram se eleger reis da Polônia e que – embora ambos preferissem Dresden, sua capital eleitoral – patrocinaram muitas construções em Varsóvia.

Os três lados do palácio formavam um átrio para a estátua de Poniatowski. Depois da independência, o túmulo do soldado desconhecido, com sua chama eterna, foi colocado sob as abóbadas da proteção arcada, que transformaram a estátua e seu átrio no centro monumental da capital e foco óbvio de celebrações nacionais – ou para a recepção de potentados em visita. A importância da praça foi enfatizada por seu nome constantemente modificado (Saxã, Independência, Piłsudski, Liberdade etc.). O governo imperial russo até mesmo a destruíra, erigindo no lugar (durante os anos de 1890) uma grande catedral ortodoxa dedicada ao santo tzar Alexandre Nevsky, que o governo polonês independente dinamitara pouco antes de eu nascer, removendo, assim, o mais conspícuo monumento da opressão russa.

Para ver os desfiles, meu pai, em certas ocasiões, tomaria um quarto no Hotel Europejski, que dava para a praça do lado oposto ao Palácio Saxão, de forma que das janelas tinha-se uma visão completa do desfile e do palanque. Durante a guerra, o hotel serviria de quartel-general da Wehrmacht (e, depois, de centro de operações da KGB), antes de retomar sua antiga função – e a história recente o havia deixado com a fiação para som, e um tanto decadente. Mas, antes da guerra, o Europejski era um dos hotéis mais elegantes em Varsóvia e meu pai promovia ocasiões festivas lá. Ele convidaria alguns colegas e um tio ou dois. Haveria um balde de gelo com champanhe, e petiscos. A sensação de luxo e a dança militar, de movimentos precisos, eram ambas agradáveis – a minha fraqueza por desfiles e procissões (Thomas Ernest Hulme costumava alegar que eles eram as maiores obras de arte) tem sido, desde então, impudente.

Ameaça

Depois que Hitler tomou o poder na Alemanha, os seus discursos passaram a ser ocasionalmente retransmitidos por emissoras de rádio não alemãs. Nós costumávamos ouvi-los e, com a ajuda de jornais ilustrados, podíamos imaginar o cenário da figura solitária, com bigode-de-escovinha, em sua camisa marrom e cinturão Sam Browne, diante de uma bateria de microfones, contra o pano de fundo de cortinas esmeraldas, a águia segurando uma suástica engrinaldada sobre a cabeça dele, fileiras de dignitários uniformizados de cada lado. Para nós – para mim e para os meus pais – os discursos pareciam quase cômicos: a arrogância, seu sotaque provinciano e sintaxe destorcida, as ovações mecânicas. E de fato ríamos dessa figura, tão improvável como governante de um Estado industrial moderno e altamente culto. Nosso riso, no entanto, era nervoso e desconfortável. A arrogância era duplamente dirigida contra nós, contra a Polônia – toda a questão de Danzig e do Corredor – mas, sobretudo, contra os judeus. De alguma forma, parecia ostensivo demais, e os colegas e amigos alemães do meu pai garantiram-lhe que Hitler não poderia perdurar. No entanto, ao mesmo tempo que os dignitários e as cortinas e as multidões clamando "Heil-Hitler" continuavam a monopolizar cada vez mais espaço nos jornais ilustrados, a ameaça cresceu insistentemente e nosso riso foi ficando cada vez mais tenso até que não pudemos mais rir.

Escola

A morte de Piłsudski deu rédeas largas aos seus sucessores para a expedição de normas constitucionais. Entre as medidas promovidas – particularmente pelo general (mais tarde marechal) Rydz-Śmigły (que adotou o estilo "líder", *Wòdz* – polonês para *Duce*, *Führer*) – estava a institucionalização do antissemitismo. O *numerus clausus*, que havia sido aplicado nas escolas e em outros locais de aprendizagem por algum tempo, tacitamente decretou que a percentagem de estudantes de uma determinada "confissão" admitidos deveria corresponder à proporção daquele "credo" no país – assim, os judeus deveriam constituir 10% de qualquer corpo discente. Depois de 1935, a discriminação transformou-se em segregação; nas universidades, estudantes judeus seriam confinados em assentos separados, embora a maioria preferisse ficar de pé durante a aula, em vez de submeter-se a essa indignidade. Em sua deferência deve ser dito que, muitas vezes, eram os alunos não judeus que enfrentavam os intimidadores e a vociferante maioria, ficando em pé com eles. Havia brigas, algumas sangrentas.

"Confissão" era o eufemismo para "religião" e, portanto, "raça" – ou, como dizemos agora, etnia. O eufemismo foi útil, pois a constituição republicana de 1921 explicitamente considerava todos os cidadãos iguais, embora a sua "confissão" fosse declarada nos documentos de identidade: católico-romana, é claro; "greco-católica" (para os uniatas – principalmente ucranianos e bielorussos); "ortodoxa"; "augsburga" (aplicada a calvinistas e luteranos indistintamente); "mosaica" – que significava judeus. Quando chegou a hora (em 1933, creio) de eu estudar em uma escola primária, meus pais escolheram a escola luterana em Varsóvia, que tinha a reputação de ser liberal em questões raciais e de elevada avaliação acadêmica. Ela recebera o nome de Nicholas (Mikołaj) Rej, o primeiro grande prosador polonês – que fora calvinista. A escola também mantinha uma política explícita de *numerus clausus*, embora favorecesse ligeiramente os protestantes.

O outro judeu na minha classe não era meu amigo de escola mais próximo; eu tomava o partido dos meninos poloneses, alguns dos quais deliberadamente mantinham relações com os judeus como uma expressão de sua repulsa ao antissemitismo ignorante dos seus coetâneos. Com um deles cheguei mesmo a elaborar um esquema de fuga para a heroica Abissínia, a fim de combater os vis italianos. Flutuaríamos em um caiaque rio acima, no Vístula, rumo ao sul, levando o caiaque através do Dniester, em seguida rio abaixo para o Mar Negro, e alcançaríamos a costa através do Bósforo e do litoral leste do Mediterrâneo, pelo Canal de Suez e o Mar Vermelho, até chegarmos a Djibouti.

Alimentar-nos-íamos de ovos cozidos e peixes. Um bom e simples plano. Eu o confidenciei aos meus pais, que – devo dizer em seu favor – fingiram ter sério interesse pelo plano. Ele evaporou muito rapidamente, é claro.

Manhãs

O caminho para a escola logo se tornou uma rotina. Eu caminhava ao lado do orfanato – ao longo de um muro de jardim de tijolos vermelhos –, depois virava em uma pequena rua repleta de novos e alegres blocos de apartamentos com sacada, de estuque creme ou amarelo, que conduzia a um grande espaço semicircular aberto que recebera o nome de Gabriel Narutowicz, o primeiro presidente da República, notoriamente assassinado por um extremista de direita em um *vernissage* em 1920. Um dos raios do semicírculo era uma estrada na qual havia um ponto de táxi. Como muitas ruas ao redor, era coberta por blocos de madeira para abafar os cascos dos cavalos que ressoavam alto demais na pavimentação mais usual de pedras arredondadas. Lá pelo final dos anos de 1930, surgiu um número crescente de automóveis (principalmente Citroëns) pintados, segundo a regulamentação, de preto e amarelo; mas, durante meus tempos de escola, a maioria dos táxis ainda era puxada por cavalos. As carruagens pretas e brilhantes, de um só cavalo, transformar-se-iam, até meados de novembro, poucos dias depois da primeira neve, em trenós. Os taxistas usavam pequenos chapéus de aba azul-marinho no inverno, bem como no verão, mas no inverno cobriam-se de casacos de pele de carneiro mais grossos e volumosos, que iam até o tornozelo, batiam as botas no chão e os dois braços no corpo para se manterem aquecidos. Suas palavras saíam da boca em respirações nubladas, que se misturavam com o vapor das pilhas de esterco quente de cavalo amontoadas sob os animais, manchando a neve ao seu redor de um amarelo de cromo. Perpendicularmente ao ponto de táxi ficava o terminal da linha de bonde que me levava diariamente à escola. Meus pais teriam considerado um comportamento ostentoso se eu fosse conduzido para lá de carro, como um menino mimado.

A escola Reja ocupava um edifício de estuque cinzento, mas muito elegante, num estilo germânico pós-1905. Era um dos lados de um grande bloco, frondoso, centrado na principal igreja luterana de Varsóvia, um edifício bastante célebre, um panteão em miniatura, suas paredes de estuque circulares rusticadas, com um pórtico dórico e um domo de cobre verde brilhante. Havia sido projetado, como aprendi mais tarde, por Bogumił Zug, um dos favoritos do rei Estanislau Augusto. Mas, como um menino em idade escolar, eu o aceitava sem questionar, como o fiz mais tarde com o deveras acadêmico Zachęta (que se traduz "incentivo"– isto é, das Belas Artes), do final do século XIX, nas proximidades, a principal galeria de arte de Varsóvia, que também abrigava o Museu de Arte Contemporânea, onde o presidente Narutowicz fora assassinado em 1920.

Mais à frente ficava a esquina da praça Saxã que descrevi anteriormente. O que mais me importava – a cada quinzena, de modo que jamais o tive como certo – era uma vitrine, no canto da praça mais próximo da escola, que pertencia à principal publicação com pretensões intelectuais de Varsóvia, *Wiadomości Literackie* (Notícias Literárias). A cada nova edição, que sempre ia parar em nossa casa, era ali exibida uma escultura esmerada e geralmente narrativa em recorte de papel branco. Eu costumava ir até lá e admirá-la, com meus colegas de classe mais brilhantes, e foi esse o meu primeiro envolvimento com a arte moderna, bastante desconhecida no meu meio; jamais se ouvira falar de Pablo Picasso, Georges Braque e Paul Klee, e o gosto musical desse *milieu* não se aventurava além de Giacomo Puccini e Sergei Rachmaninov. Até os meus vinte anos, em Londres, eu nunca tinha ouvido falar do grande poeta-filósofo-pintor Ignacy Witkiewicz (conhecido como Witkacy), que cometeria suicídio em setembro de 1939.

Nessa época, a lição de casa no quarto das crianças se tornou um problema e uma escrivaninha foi colocada, para mim, no quarto dos meus pais, onde eu poderia trabalhar sem ser incomodado; mas isso também se transformou em uma batalha na guerra travada com minha mãe, que não podia suportar a minha desordem inata, meus borrões de tinta e a falta geral de coordenação, evidente mesmo na minha caligrafia ilegível e irregular.

Eu me recordo até mesmo de um incidente, com vergonha. Eu não havia feito minha lição de casa e não conseguia pensar em como iria me safar. Antes de sair para a escola queixei-me de me sentir quente e fraco, com dor de garganta e assim por diante. Mediram minha temperatura (na axila, como era habitual – o que levou dez minutos) e ela estava normal. Ao chegar à escola queixei-me de novo e fui enviado à enfermaria. O médico que me atendeu colocou um termômetro debaixo da minha axila e continuou a tratar dos outros meninos doentes. Enquanto ele estava ocupado, pus o termômetro sobre o radiador próximo, de modo que quando o médico voltou, minha temperatura estava acima de 39°; fui imediatamente para casa, com um atestado e ordens para ficar de cama. Foi então que realmente comecei a me sentir muito mal. O médico chamado em casa diagnosticou difteria, meu irmão foi enviado para uma tia e eu fui tratado, por semanas, com a aplicação punitiva de um xarope anticatarral desagradável, pincelado na minha garganta. Teria sido apenas culpa ou *corynebacterium diphterii* (há muito banido em nossa era de antibióticos)? Ou uma combinação dos dois? Seja como for, sempre fui um péssimo mentiroso.

Apesar de todas as minhas amizades escolares, deparei-me frontalmente pela primeira vez com o antissemitismo institucional na escola. Eu já havia aprendido boxe por insistência do meu pai, porque os judeus (assim ele pensava, não obstante o seu patriotismo polonês) tinham que cuidar de si mesmos; não podiam contar com a proteção das autoridades. Havia brigas – embora, mais uma vez, a divisão entre judeus e não judeus nem sempre fosse bem definida, e sempre haveria um ou dois colegas não judeus que tomavam nosso partido.

Isso veio depois. A escola primária não era tão preocupante. O diretor, Leon Rygier, era muito culto e educado, um poeta (embora sem importância), corpulento, porém elegante, com uma barba no estilo de Lincoln, e dado a usar gravatas de seda com estampas brilhantemente coloridas. Fiquei surpreso ao encontrar o seu duplo não aparentado muito mais tarde – o crítico musical inglês Edwin Evans. Segundo as fofocas (corretas, como se constatou) de meus contemporâneos, ele era o marido separado da conhecida (e muito antologizada) escritora Zofia Rygier-Nałkowska. Minha mãe desenvolveu com ele uma "relação especial" em língua russa, um tanto coquete.

Nem ele nem o austero diretor do ensino secundário (*gymnasium*), um pastor luterano sempre vestido com terno preto, camisa branca com colarinho engomado e gravata preta (a austeridade da roupa enfatizada por um *pince-nez*), haviam sido contaminados pelo antissemitismo. Nem tampouco, creio eu, a maioria do quadro docente – e se isso acontecia, não se demonstrava abertamente. O professor de ensino religioso judaico, que tirava a mim e ao outro menino judeu da classe uma vez por semana, tinha a reputação de ser erudito, e lembro-me de Rygier comentar na minha classe acerca do seu profundo conhecimento da história da Mesopotâmia – como ele havia explicado que reis assírios tinham suas barbas enroladas, gomadas e cobertas com folhas de ouro: o que, aliás, também matava os piolhos.

Quando voltei à escola em uma visita a Varsóvia como um septuagenário, eu a encontrei meio bombardeada e meio reconstruída, mas ainda reconhecível: o que me chocou foi o diretor, que trajava uma camisa polo e uma jaqueta quebra vento, com o cabelo despenteado, a quem fui apresentado. Só espero que ele não tenha suspeitado da razão pela qual eu parecia tão assustado. Bem mais surpreendente foi a história das trincheiras defensivas que separavam a escola e a igreja vizinha da galeria de arte, e as fotografias dos meus coetâneos escolares armados e preparados para o combate – muito poucos dos quais reconheci.

Lições Fora da Escola

Embora a minha ida à escola fosse uma jornada solitária de bonde, o retorno era acompanhado. Meu professor de hebraico – isto é, do hebraico moderno falado – costumava buscar-me na escola quase todos os dias e me acompanhava até em casa. Um estudante sem recursos (de Direito, no caso), ele não estava autorizado a falar comigo em polonês, então adquiri o meu hebraico falado pelo método "direto" e com um sotaque polonês.

Às vezes, a caminhada da escola seria prolongada. No final de fevereiro, íamos a pé até a ponte mais próxima para assistir ao rompimento do gelo no rio, às grandes massas de gelo flutuantes indo rio abaixo. Mais tarde, na primavera, era o turno das balsas – grandes encontros de toras de pino que flutuavam Vístula abaixo para Danzig e Gdynia, para serem transformadas em madeira de construção para a Grã-Bretanha e a Holanda: as ilhas flutuantes de madeira, sempre carregando uma cabana para o vigia que saudava, com um aceno, as crianças inclinadas sobre os parapeitos da ponte.

Outro professor, um pouco mais velho, vinha em casa duas vezes por semana para me ensinar o hebraico bíblico e os elementos da observância judaica a partir da *Mesa Posta*, o *Schulkhan Arukh*, a forma resumida de prática talmúdica para o religioso, de autoria do rabi Iossef Karo. Aprendi as bênçãos para todas as ocasiões, como enrolar os filactérios no meu braço esquerdo com a mão direita e como estar constantemente ciente da presença Divina em todos os lugares – até mesmo na "casa da cadeira" (ou privada). Essas aulas eram ministradas no estúdio do meu pai, em que nos sentávamos no mobiliário estilo Império que já descrevi. Isso contribuía para uma religião reconfortante – quase aconchegante e bastante livresca –, tanto cômoda como razoável. Razoável, porque era adaptável – ou assim parecia. A proibição do uso de qualquer forma de transporte no sábado que não fosse caminhar, por exemplo, significava que meu pai iria à sinagoga na manhã do sábado levado de carro por Krajewski, o motorista, até uma rua lateral próxima, e dali daria a volta no quarteirão a pé. Eu também era alimentado regularmente com sanduíches de presunto, que – como minha mãe explicou –, embora não fossem estritamente *koscher*, tinham a fonte de proteína mais digerível, especialmente quando retirada a sua gordura branca desagradável. A predileção do meu pai por uma salada de lagosta (semelhante à do meu avô materno pelo caviar) era explicada em fundamentos que, mais tarde, aprendi a chamar de evemerísticos (segundo um sábio helenístico "racionalista"): os regulamentos mosaicos no tocante à carne de porco e aos mariscos eram sensatamente higiênicos em um clima mediterrânico, mas podiam ser relaxados ou adaptados às temperaturas mais frescas do norte da Europa. Meus pais não endossavam quaisquer ideias forâneas sobre pureza e perigo.

Tudo isso contrastava sobremaneira com a outra religião em nossa casa – aquela dos criados, que era incompreensível. O catolicismo, observado muito de perto, parecia composto pela religiosidade casual de Martha e das criadas, ou pela mais intensa e rabugenta do nosso motorista Krajewski (um ávido leitor das vidas dos mártires – minha mãe costumava sugerir misteriosamente que havia algo pelo qual ele tinha que expiar, embora eu nunca descobrisse o que essa "coisa" grave poderia ter sido). Isso parecia bizarro, assim como os acontecimentos estranhos que eu havia vislumbrado na igreja de São Tiago, quando Kaga me levou para dentro da abóbada cavernosa.

Meu pai importou uma rádio-vitrola (como parte da eletrificação da casa – na esteira da geladeira elétrica) com um toca-discos, cujos "braços", um pouco desajeitados em ambos os lados do prato, podiam ser carregados com seis frágeis discos de cera de uma só vez. Isso permitia que óperas na íntegra – se curtas, como *Pagliacci* – fossem reproduzidas ininterruptamente. Ela tinha uma qualidade milagrosa (inovações tecnológicas em geral costumam causar esse efeito nos neófitos). Martha e outra criada temporária, e mesmo Kaga, se reuniram em volta dela na sala de estar uma vez, quando Pio XI transmitiu uma bênção; eu testemunhei – um pouco envergonhado – como elas caíram de joelhos, de forma despropositada, diante da rádio-vitrola. Isso foi curioso, se bem que também comovente, sem nenhuma relação com as crenças perspicazes e aparentemente muito esquemáticas dos meus colegas da escola católica, dos quais eu aprenderia, de segunda mão, a partir dos diagramas em giz que seu professor de ensino religioso deixaria no quadro-negro, a fé por números segundo uma fórmula, por assim dizer, ou os feitos remotos e sinistramente políticos da hierarquia da Igreja, inúmeras vezes representada na imprensa pelos lábios cerrados do muito antipático – e explicitamente antijudaico – cardeal Hlond, então primaz da Polônia.

Essas variedades de prática religiosa pareciam distantes da religião simples que eu absorvia da minha família. Meu pai reforçou a convicção familiar de que éramos os eleitos de Deus entre as nações com sua crença de que nós, judeus, éramos também os mais inteligentes: Einstein era o seu exemplo perfeito, mas havia muitos outros. Às vezes, essa convicção o levaria ao erro. O uso na sinagoga do coro de Aleluia convenceu-o, por exemplo, que Handel era judeu. Não Georg Frederic, ele alegava, mas Jacob. A minha objeção só me rendeu um rápido tapinha na orelha. Não me lembro agora se ele simplesmente ignorava o lugar do coro em *O Messias* ou se fingia que Handel "não queria dizer isso". No entanto, nem mesmo ele levaria furtivamente o seu amado Giuseppe Verdi às associações comerciais judaicas.

A educação fora da escola não era, portanto, apenas religiosa. Havia música, por exemplo. Um professor de piano foi contratado para me ensinar os fundamentos em um teclado simulado (não tínhamos piano em casa), e, depois de uma ou duas aulas, meu pai perguntou-lhe como eu estava me saindo. Educadamente (assim o suspeito), o professor respondeu que me achava realmente talentoso. Meu pai interrompeu imediatamente as aulas. Nenhum músico em sua família, obrigado. No entanto, eu era levado a concertos – lembro-me vagamente da competição de Chopin de 1937, embora eu certamente tenha ido a algumas sessões. A ópera era mais importante. Meu pai conseguiu combinar sua melomania e sua anglofilia em um entusiasmo por Gilbert e Sullivan, se bem que os espetáculos dos anos de 1930, que ele poderia ter testemunhado, fossem notoriamente de qualidade inferior, e ele nunca tenha conseguido converter minha mãe. Mesmo assim, ela era tão fascinada pela ópera em geral quanto ele e levou-me para a minha primeira – *Carmen*. Algumas das melodias já eram familiares, e a última cena, quando Carmen e Escamillo vão ao palco em uma carruagem puxada por cavalos, causou-me uma emoção memorável, ainda que não musical. Alguns meses depois, meu pai me levou para ver *Aída*. Naquela ocasião eu já era mais cauteloso, e dei-me ao trabalho de ler o enredo. No último ato haveria um cenário em dois planos – no superior, Amnéris recita suas orações, enquanto Radamés e Aída expiram melodiosamente no inferior. Isso eu realmente queria ver. No final do terceiro ato, meu pai disse: "Vamos sair agora." "Mas e o último ato?", indaguei bastante desconcertado. Meu pai foi taxativo. "Se você quiser ir à ópera quando crescer" – disse ele rispidamente – "deverá fazer parte da audiência crítica. A verdadeira crítica é que, quando for ruim, você vai embora. Isto é ruim e estamos indo agora". Minha decepção quase tangível não o deteve. Ele não iria ficar sentado para assistir a outro último ato ruim de *Aída* por ninguém. Certamente não por mim. E eu, de todo modo, tinha que aprender uma lição em discernimento.

O efeito foi certamente oposto ao que ele pretendia: agora, é necessária uma performance realmente terrível no teatro ou no cinema para me desalojar do meu lugar antes do final.

A Crisálida

Mais ou menos no fim da minha primeira década de vida, entre 1935 e 1936, o casulo confortável propiciado pela minha família rompeu-se brutalmente, embora eu não tivesse dali emergido como uma borboleta totalmente desenvolvida ou mesmo como um besouro.

A judaicidade permaneceu uma questão de orgulho, porém também se transformou em um estigma gritante. O antissemitismo semioficial fora uma presença constante e humilhante – mas não ameaçadora. Quando meu pai foi indicado para receber a comenda Polonia Restituta (a mais alta condecoração civil) por ter negociado o tratado de 1932 que mencionei anteriormente, o chanceler se opôs a que ela fosse dada a um judeu, e meu pai teve de se contentar com a inferior Cruz do Mérito, uma pequena desfeita mitigada em 1936, quando o partido "oficial" do governo dos "coronéis", OZN (o acrônimo de Partido de Unidade Nacional – Obóz Zjednoczenia Narodowego – que, de forma zombeteira, era pronunciado "ozônio"), ofereceu-lhe um assento parlamentar – que ele recusou, não querendo ficar em palanques para discursar perante a multidão, como minha mãe me diria muito mais tarde, surpresa com a minha aparente facilidade de comunicação com grupos de alunos.

A relação entre os meninos judeus e não judeus na minha escola relativamente irênica agravou-se a olhos vistos depois de 1935. As aulas de boxe foram úteis, e eu me lembro (com um certo mal-estar) da satisfação física de ter dado um soco certeiro com a direita no nariz de um dos meus perseguidores e vê-lo sangrar – para sua surpresa e a de alguns espectadores (meus colegas me tinham como um fracote); esse foi o meu único triunfo pugilístico. Tais lutas mais intensas, contudo, não eram comuns: tratava-se, em geral, de empurrões diários e um insulto ocasional.

Uma ameaça mais grave ocorreu quando fui convocado pelo diretor, que me disse que eu fora acusado de insultar o clero – quase de modo blasfemo. Minha expulsão foi exigida pelo meu acusador, que era um dos meus colegas de classe. O fato de que uma acusação feita por um aluno contra outro teve de ser tratada com seriedade pelo diretor da escola diz algo sobre a atmosfera severa daquela época. Ao reconstruir os eventos na memória, creio que algo assim deve ter acontecido: o ensino religioso católico na minha classe era ministrado por um padre de aparência um tanto reservada (batina, cabelo à escovinha, *pince-nez*), naquela versão esquemática, geométrica, do catecismo que mencionei anteriormente. Ele desenhava, no quadro-negro, diagramas perfeitos do céu, do inferno, do purgatório e do limbo, com quadrados, círculos e flechas para explicar quem acabaria onde; e esses diagramas muitas vezes ainda eram legíveis quando os alunos judeus voltavam para a sala de aula, antes do seu relato discursivo acerca do exílio babilônico ou do Egito faraônico. Enquanto tirávamos nossos cadernos e livros de nossas mochilas, alguém (pode até ter sido o meu acusador) observou que o padre sempre censurava alguns dos alunos por não copiar os diagramas corretamente. Não tenho lembrança da minha reação, porém suponho que possa ter dito casualmente – meninos em idade escolar costumam fazê-lo –: "Ele é um tanto desprezível, não é?", ou algo assim.

O que parecera uma observação inocente e casual transformou-se em uma acusação ameaçadora que me rendeu uma semana de muita ansiedade; meus pais estavam visivelmente preocupados, se bem que me apoiassem. Ser expulso teria sido o tipo de mancha em meu registro que qualquer estudante encararia com terror exagerado. Falou-se de um pedido de desculpas. Um minijulgamento foi mesmo realizado em uma sala de aula vazia, com o diretor da escola e outros dois professores, quando o meu acusador me enfrentou. Foi nesse ponto que o próprio professor-padre interveio – em particular – e pediu que os procedimentos fossem abandonados, o que de fato aconteceu. Eu estava a salvo por enquanto. Mas isso convenceu meus pais de que eu deveria ser transferido para uma escola inglesa.

Poucos meses depois, tivemos novamente alguns dias agitados. Meu irmão, então com cinco anos, da mesma idade que o filho do nosso jardineiro, voltou depois de brincar com ele por um tempo. Não me recordo como o assunto veio à tona, mas ele parecia satisfeito por ter esclarecido o seu companheiro de divertimento sobre a estupidez do nosso líder, o marechal Rydz-Śmigły, sucessor de Piłsudski. Um menino de sua idade só poderia ter captado tais pontos de vista dos adultos da família. Passamos três ou quatro dias tensos, à espera de uma visita da polícia política local. Ela não veio. Talvez o jardineiro e sua esposa preferissem a segurança de seu trabalho à satisfação de humilhar seus empregadores. Ou talvez o pequeno menino nada tenha contado aos pais. Qualquer que tenha sido o motivo, essa era a atmosfera na Polônia à época – muito semelhante à de outros países totalitários.

O casamento de Martha e seu abandono da nossa cozinha para uma série de substitutas insatisfatórias foi um drama familiar menor. Recomponho a história a partir de relatos fragmentários posteriores de minha mãe. Martha havia respondido a um anúncio matrimonial. O noivo parecia adequado – ela não possuía o rosto ou o corpo que a levasse a ser arrebatada por um arrojado jovem soldado, mas encontrara um viúvo, o porteiro de um bloco de apartamentos perto da casa de minha avó. Minha mãe o entrevistou, *in loco parentis*. Ela relutava em dar o seu consentimento, pressentindo um problema não identificável, porém Martha estava determinada. O casamento foi tranquilo – minha mãe compareceu, eu estava na escola. Depois de alguns meses seguiu-se uma gravidez e o problema foi identificado: o noivo bebia. Não que ele fosse violento, como minha mãe suspeitava, mas ele se embebedava regularmente. O bebê nasceu no seu devido tempo; Martha estava orgulhosa e eufórica – e o carrinho de bebê aparecia todas as semanas, geralmente nas escadas da cozinha. Então, a fatalidade ocorreu. O marido de Martha pegou o bebê quando estava bêbado, deixando-o cair. O bebê morreu imediatamente. Não houve má intenção.

O marido ficou arrasado, perdeu o emprego, prometeu abandonar a bebida – mas já era tarde demais. Martha voltou a trabalhar para nós. Algo tinha de ser feito por ele, então meu pai o empregou como ajudante no jardim e como biscateiro. Lembro-me dele sentado na cozinha de Soplicowo ocasionalmente, de aparência retraída e melancólica, mas vagamente amigável. A história, contudo, terminou de forma trágica. Quando, algumas décadas mais tarde, consegui localizar a casa em Soplicowo, agora isolada no esparso porém totalmente desenvolvido bosque, e com uma história desafortunada adicional (havia sido a casa de repouso de um oficial alemão, porém se transformara então em um albergue para crianças carentes), me foi dito pelos responsáveis – que, para minha grande surpresa, sabiam nosso nome – que a casa era assombrada pelo fantasma da "cozinheira da família", que havia se enforcado logo depois de nossa partida. Ela estivera conosco por uma década e, após a morte do seu bebê, meu irmão e eu éramos o mais próximo que ela tinha como filhos. Ela deve ter se sentido muito abandonada na casa vazia.

Uma Mudança de Direção

Até então, as visitas do meu pai a Londres já eram coisa de rotina. Ele até alugou um apartamento lá – em Mansfield Street, perto da BBC, em 1936. Ele havia aberto um escritório em Bush House, no Strand, ainda antes e também decidira manter um carro em Londres, dessa vez um Buick azul escuro. Sua ausência por alguns dias, no início do verão de 1937, foi, portanto, facilmente explicada como mais uma de suas viagens normais, e apenas quando fomos à estação para recebê-lo, como sempre fazíamos, percebi que estávamos esperando na plataforma errada por um trem que ia para o oeste; não o expresso de Berlim (e Londres), mas o de Moscou. Só então me disseram que meu pai estivera, na realidade, em Moscou, em uma missão secreta do governo para negociar um tratado comercial polaco-soviético, que envolvia engenharia e equipamentos mecânicos. As negociações haviam começado no final da primavera, durante os julgamentos "encenados" – o marechal Tukhachevsky fora executado em junho daquele ano –, e um dos problemas do meu pai em Moscou era que seus interlocutores continuavam a desaparecer. As coisas até pareciam andar bem no Ministério/Comissariado apropriado, mas quando meu pai voltava no dia seguinte para continuar as negociações com o seu equivalente, diziam-lhe que tal pessoa jamais havia trabalhado no edifício. Eu não sei com que frequência isso aconteceu, embora, no ambiente da época, uma vez teria sido desconcertante o suficiente.

Outra anedota que meu pai nos contou ao retornar ficou na minha cabeça – o seu encontro com um parente distante (o irmão de minha tia Polina), que era professor de economia na Universidade de Moscou. Ele visitou meu pai em seu quarto de hotel. Após a saudação convencional, ele colocou o dedo nos lábios, pegou alguns jornais, e levou o meu pai para o banheiro. Só depois de haver entupido com jornal os exaustores, aceitou o terno que meu pai lhe trouxera de presente. Virando o forro, ele disse: "Que maravilha! Vai servir para fazer uma blusa para minha esposa". A sensação de privação e de terror que meu pai vivenciou de forma tão intensa nesses detalhes triviais – ele nos contou até mesmo ter beijado o policial polonês quando o trem atravessou a fronteira – ficou em todos nós, avivando meu próprio preconceito político e minhas atitudes.

Entrementes, houve uma emergência diferente em Varsóvia. Os alemães reuniram todos os judeus na Alemanha que ainda detinham passaportes poloneses – seja como emigrantes "econômicos", ou porque haviam acabado do lado errado da fronteira durante as trocas de 1918-1920; eles foram levados para a fronteira e os guardas poloneses foram informados de que todos seriam mortos a tiros a menos que as autoridades polonesas concordassem em recebê-los.

Judeus importantes de Varsóvia foram convocados para o Ministério do Interior à noite, onde se lhes foi dito que seriam acolhidos por um período indefinido. Vovó Melup recebeu um deles, que discutia interminavelmente com meus tios (a quem ele explícita e verbalmente desprezava como *Ostjuden*); nós acolhemos um jovem melancólico e muito deprimido, que dormiu em nosso sofá da sala de estar por um par de semanas e depois emigrou – não me recordo para onde.

Abbazia

Passávamos os feriados geralmente no exterior: já mencionei Brighton e Bournemouth, Franzensbad e Marienbad. Mas, em 1937 – datável porque deve ter ocorrido antes da introdução das leis raciais na Itália –, meus pais levaram-nos a Abbazia, na Ístria italiana, agora Opatija, na Croácia. Não faço ideia por que eles escolheram ir então justamente para a Itália. Quem sabe a atração romântica de Veneza, quiçá curiosidade pela "ordem" de Mussolini? Talvez o seu anúncio daquelas férias em uma noite qualquer na casa de minha avó tenha sido o que provocou a explosão amarga do primo Abrasza contra a indiferença burguesa dos seus tios com relação ao fascismo.

Kaga saía de férias com sua família durante nossas férias no exterior. Ficávamos sob os cuidados de uma uniformizada (porém olvidável) babá inglesa em Abbazia, que foi o meu primeiro contato com um mundo desconhecido – a linguagem melodiosa, a exótica comida mediterrânica –, e havia também uma empolgação tecnológica produzida pelo hidroavião que fazia o percurso, a cada dois dias, Fiume-Pola-Veneza e volta. Fazia uma parada ao lado do cais de Abbazia, desviando graciosamente para aterrissar sobre a água como um pássaro. Naquele cais, testemunhei certo dia um ritual curioso. As mulheres casadas jogavam suas alianças em uma urna descomunal para sacrificar seu ouro particular em prol do tesouro nacional, empobrecido pela guerra da Abissínia e às consequentes sanções da Liga das Nações. Os anéis de ouro eram substituídos por outros de ferro. Minha mãe – creio eu – apresentou-me isso como um exemplo de abnegação heroica. Minha simpatia pela Abissínia ficou em suspenso.

Meu pai me levou para visitar as grutas de Postumia (agora Postojna), uma das mais extensas séries de galerias do mundo, mas sem nenhum traço de presença humana, apenas um vasto agrupamento de estalactites e estalagmites, como uma gigantesca caixa de joias, algumas das quais receberam nomes sofisticados e os visitantes percorriam o lugar em um pequeno trem elétrico. Por mais encantadores que tivessem sido todos esses episódios – e a praia quente e arenosa, sem seixos –, aquela estadia ficou marcada para mim pela recusa dos meus pais em me levar com eles quando embarcaram para uma visita de três dias a Veneza. Não que eles jamais o dissessem, mas agora creio que foi uma segunda lua de mel e eu teria atrapalhado. O que agora me parece bastante compreensível não poderia ser explicado então a um garoto zangado.

Eu me ressentia por ter perdido os dias a bordo do navio, o que era ruim o suficiente, porém ainda mais por ter sido impedido de ir a Veneza (o que, aliás, teria demonstrado minha superioridade com relação ao meu irmão), pois eu já estava me apaixonando pela arquitetura e sabia que a cidade na água era um dos seus exemplos mais admiráveis.

Tampouco me consolei quando a babá, atuando como representante dos meus pais, foi por eles autorizada a tomar um barco a vapor três ou quatro quilômetros ao sul, para Laurana (agora Lovran), onde havia uma igreja românica para ser vista. Desde então, já preenchi minha cota de Veneza – lá estive quase todos os anos, desde 1949, e agora passo muito tempo ali. Isso fez com que eu superasse essa primeira privação.

Mortalidade

No outono de 1938, meu pai foi atingido por seu primeiro colapso. Correndo ao longo da plataforma em Berlim a fim de embarcar no expresso para Varsóvia que começara a se mover, ele de repente desmaiou e foi levado ao hospital. Foi diagnosticada uma embolia na perna e ele foi levado para Varsóvia em uma maca. O tratamento incluiu repouso e grandes quantidades de alho cru (que ele engoliria em comprimidos brancos) – ambos devem ter sido uma tortura para ele. Nada foi dito sobre o fato de ele fumar um cigarro após o outro: a medicina ainda não estava atualizada sobre os efeitos da nicotina. Em janeiro de 1939, ele já havia se recuperado e eu voltei para o Whittinghame College, dessa vez como aluno interno. Foi uma escolha bastante óbvia; o alívio da crescente tensão provocada pelo quase insuportável antissemitismo polonês foi mitigado pela minha inquietação com a atmosfera pretensiosa e atraente, porém sem valor, do Whittinghame College e os atos melífluos de assistência do diretor, cujas propostas iniciais para a Associação dos Diretores não haviam sido coroadas de sucesso.

A escolha de Brighton, contudo, foi oportuna: o meu inglês seria aperfeiçoado e eu também poderia ali me preparar para o meu *bar mitzvá*, em abril de 1939, na nossa sinagoga "local", a oeste de Londres, com entrada tanto pela rua Hallam quanto pela Great Portland. Minha mãe ficou retida em Varsóvia por causa de problemas familiares e, portanto, não pôde comparecer – mas foi bastante solene. Acompanhado por meu pai e um amigo, seu advogado de Londres (porém russo de formação), como meu padrinho, ambos trajando cartolas e fraques, entoei as passagens apropriadas para o sétimo dia de Pessakh (meu aniversário, segundo o calendário judaico) no hebraico sefardita que jamais tinha sido ouvido naquela sinagoga antes e foi encarado por seus oficiantes como uma inovação excêntrica, porém amável. Meu pai ofereceu um almoço festivo de aniversário em um restaurante judaico, o Goody's, na Oxford Street, no local que, mais tarde, tornar-se-ia parte da Academia de Cinema; seu rechonchudo proprietário o conhecera nos seus dias de estudante em Manchester, antes de 1914, e ficou deveras comovido com a ocasião. Eu, é claro, recebi os presentes convencionais – um xale de orações de seda em uma bolsa de veludo e um livro de orações encadernado em couro preto.

No início do verão de 1939, meu pai foi a Brighton e, depois de falar com o diretor, me levou para jantar no opulento, porém sombrio, Metropole Hotel, de tijolo vermelho e terracota. Seja como for, ele já fazia isso com bastante regularidade e, por isso, o fato em si não foi excepcional. Mas dessa vez ele se portou com gentileza especial, pois viera me dizer que, dada a situação política, tanto ele quanto minha mãe achavam melhor que eu ficasse na escola durante as férias. Fiquei indignado – a única coisa que tornava aquela escola tolerável era a perspectiva de voltar para casa. Chorei.

Ameacei fugir se ficasse lá por mais tempo. Vendo meu desespero genuíno, ele telefonou para minha mãe naquela mesma noite e disse-lhe que estava me levando de volta.

Muitos dos meus coetâneos têm ficado escandalizados com a aparente indiferença do meu pai no tocante ao desastre iminente. Mas um dos horrores da catástrofe é que, mesmo quando o seu perfil pode ser evidente para o cauteloso, seu impacto pleno pode pegar suas vítimas mais astutas despreparadas. Madame du Barry, que foi a jovem amante de Luís xv, e fora tão famosa durante o reinado de seu sucessor pelo bom humor e pela boa índole, bem como por sua beleza loira e sua vida relativamente discreta, viajou a Londres quatro vezes (com os criados) em 1791-1793 para identificar e reivindicar os diamantes e safiras que lhe haviam sido roubados. Ela sempre retornava ao seu pequeno palácio em Louveciennes, perto de Marly, mesmo que a cabeça decepada de seu amante, o duque de Brissac, lhe tivesse sido mostrada ali. Em sua última visita, em março de 1793, ela foi convidada a almoçar com William Pitt, então primeiro-ministro, que tentou persuadi-la a ficar, conforme registrado pelos irmãos Goncourt em sua biografia, mas, a despeito disso, ela voltou, para ser guilhotinada no início de dezembro daquele mesmo ano. Meu pai não era nenhuma loira frívola – mas à sua maneira muito diferente, compartilhava o apego dela ao lar e à terra. E, não obstante a insistência da minha mãe, ele jamais transferiu seus pertences – ou sua conta bancária – para a Inglaterra ou para os EUA; lembro-me que, em 1938, falou-se acerca de uma conexão norte-americana, que minha mãe preferia, mas que ele deixou gorar.

De qualquer forma, no final de junho de 1939, meu pai embarcou comigo no trem noturno com destino a Berlim, bastante animado – ele havia digerido a sua ansiedade. Acordamos em Ostend, e quando passamos pela Bélgica, novos passageiros embarcaram. No vagão-restaurante, durante um agradável café da manhã, vimos um camponês atarracado pedir uma cerveja. O garçom trouxe a garrafa e o passageiro se serviu de um copo. "Agora veja isso", disse meu pai. "Ele vai querer pagar por apenas um copo, mas a conta será pela garrafa de meio litro". Ele estava certo – deve ter visto isso várias vezes (será que sempre se tratava do mesmo passageiro? Ou todos os camponeses belgas estavam em conformidade com o estereótipo?). Lembro-me do meu pai gargalhar durante a altercação, mas não sei como ela terminou.

Em Berlim, mudamos para o expresso de Moscou. Havia algumas horas de espera entre os trens, e meu pai as passou (ele havia tomado o mesmo trem muitas vezes) no Hotel Adlon, do qual me recordo apenas do interior em estilo *art déco*, um tanto espalhafatoso; bebemos chá e fomos até a barbearia revestida de espelhos, onde meu pai foi tratado como um cliente antigo. Notei que o barbeiro que o atendeu tinha uma insígnia do partido nazista, que parecia ser de prata, na lapela de seu jaleco branco. Ao me surpreender olhando de esguelha para o meu pai, um tanto escandalizado, ele disse confidencialmente: "Faz parte do trabalho, você sabe."

A outra lembrança dessa viagem é a de quando nos aproximamos da fronteira polonesa: ficava a apenas duas ou três horas de trem de Berlim. Através das janelas do vagão, vimos as formações de tropas com armas e tanques envoltos em uma rede de camuflagem nos bosques ao longo da ferrovia. Meu pai observava e tomava notas de tudo, e quando chegamos a Poznań, pediu para ver um oficial da polícia política local, a quem relatou suas observações. O policial parecia bastante desesperado. "Sim", disse ele, "nós sabemos – mas o que podemos fazer?"

A ansiedade foi suspensa quando chegamos a Soplicowo. A vida familiar normal assumiu o comando. Havia visitas ocasionais a Varsóvia. Naquele verão houve uma impressionante fartura de tomate e morango – até mesmo orfanatos e conventos de freiras locais recusaram os tomates por nós presenteados. Nosso jardineiro levou uma grande carroça ao mercado, mas conseguiu apenas uns trocados para uma bebida. Aquele agosto foi realmente quente.

As coisas, no entanto, haviam se tornado preocupantes demais desde o final de julho. Preparações antiaéreas eram assíduas, embora acabassem sendo totalmente inúteis: a pista de corrida, que eu vira da sacada da casa de minha avó, foi escavada por voluntários para abrir abrigos-trincheiras antiaéreos – tanto meu pai como eu tomamos parte nisso em uma das minhas visitas à cidade. No entanto, não havia na situação nenhum senso de desesperança: os grupos de escavadores estavam alegres, ao espírito de "nós lhes mostraremos". Em retrospectiva, o otimismo parece tragicômico: os tanques alemães atolariam nas chuvas de outono, quando "nossa" cavalaria receberia os elogios que merece. A lição de Guernica parecia remota demais para ter importância.

Guerra

Os sons da guerra aumentaram de intensidade no final de agosto. Na noite de 31 de agosto para 1 de setembro, eu ainda não tinha ido dormir quando as luzes se apagaram em casa. A rede elétrica havia sido cortada. Meu pai pegou um archote e me levou para a garagem. Ele ligou o rádio do carro e ouvimos perplexos, apesar das muitas advertências, o presidente Ignacy Mościcki anunciar que a Polônia rejeitara o ultimato alemão. A guerra havia começado.

A manhã de primeiro de setembro foi tão quente e ensolarada como todos os dias do mês precedente. Estávamos em suspense. O fato de a guerra ter começado era apenas conceitual – tudo parecia bem normal. Mesmo a eletricidade voltara. Quando fazíamos o lanche das onze horas no terraço naquela manhã, alguns aviões apareceram. Eles voavam baixo, e pudemos ver claramente as insígnias – eram poloneses. Relaxamos quando eles deram a volta por sobre a casa, em direção à cidade vizinha – Otwock.

E então as primeiras bombas caíram. As insígnias tinham sido uma dissimulação – ouvimos os estampidos e vimos colunas de fumaça. Foi brutal e abrupto, ainda que estranhamente corriqueiro. Somente o meu irmão pequeno – com sete anos – gritou aterrorizado "pare-os, pare-os", cerrando os punhos tão histericamente que cravou suas unhas na pele até tirar sangue. Nosso terror foi atenuado à medida que o acalmamos, quando então voltamos à nossa refeição. No final do dia, a rádio transmitiu avisos tranquilizadores e tentamos retomar nossos assuntos normais, cotidianos. Não houve mais bombas nas proximidades e, no dia seguinte, 2 de setembro, vieram as declarações de guerra francesas e britânicas. Tudo agora ficaria bem. A fé do meu pai nos britânicos parecia confirmar-se. Apesar disso, ele decidiu ir à cidade para ter uma noção do que realmente estava acontecendo. Tomou um táxi local, deixando o carro – e o motorista – para minha mãe. Ele telefonava duas ou três vezes por dia, às vezes tranquilizando-nos, outras nem tanto. Todos nós tentávamos avaliar a situação por meio do seu tom de voz. Durante a noite de 6 para 7 de setembro, veio o choque: minha mãe nos acordou e mandou que nos vestíssemos rapidamente. Estava escuro. A confusão reinava.

Martha chorava. Estávamos de partida. Não havia tempo para explicar. Garrafas térmicas cheias de sopa quente e caixas de comida de emergência foram embaladas; cobertores e roupas avulsas, entrouxados às pressas e levados para o carro. Ninguém pensou em joias ou objetos de valor. Nós certamente voltaríamos em breve; partimos, pois, para Varsóvia ao encontro do meu pai, antes que todas as estradas para fora da cidade fossem bloqueadas.

Viajamos no contrafluxo do turbilhão de fugitivos que se movia com muito esforço e dificuldade – quase sozinhos, os únicos a voltar para Varsóvia. Em certo ponto, passamos pelo Rolls-Royce do presidente (ou seria um Daimler?), que ainda exibia a bandeira no painel sobre o para-brisa, a caminho para o exílio romeno, via Lwòw. Nosso ponto de encontro seria em um cruzamento, cerca de dez quilômetros fora da cidade, na estrada que conduzia ao nordeste. À medida que nos aproximamos de Varsóvia, o turbilhão transformou-se em pânico. Carros, táxis, caminhões, carroças sobrecarregadas, *droschkas*, gente a cavalo, vacas, ovelhas, famílias a pé – qualquer coisa móvel fluindo para o outro lado em uma enxurrada caótica de animalidade. Não sei como, mas acabamos encontrando meu pai e os tios Melup, que haviam prendido por correntes dois táxis Citroën de cor azul metálica, estacionando-os em uma valeta da estrada. Krajewski levou o Studebaker de volta para casa. Meu pai tinha um papel do Ministério dos Transportes que lhe dava precedência nas bombas de gasolina. Enquanto embarcávamos nos táxis, caças alemães sobrevoaram, distribuindo rajadas aleatórias. Meu irmão e eu nos abrigamos, com alguns dos adultos, durante a troca de carro em uma cratera recém-aberta por uma bomba. Então, o terror do meu irmão já passara – eu sempre fui mais fleumático e seguro – e o senso de aventura que a fuga noturna induzira tomou conta de nós inteiramente. O pânico entorpecido dos adultos felizmente não nos absorveu. Ou talvez apenas não pudéssemos suportá-lo por períodos de tempo mais longos. Apesar do caos circundante, estávamos apenas vagamente cientes da ameaça incessante ou do horror avultante. Crianças, seja como for, são incapazes de imaginar que seu modo de vida "normal" não será retomado em algum momento, nem mesmo quando mergulhadas em uma catástrofe. Meus pais e tios, entretanto, sabiam que a vida relativamente próspera e estabelecida havia terminado – e que adentravam um futuro ominoso.

Meu pai tinha muita coisa a organizar para se permitir a indulgência do pânico – que teria sido contra a sua natureza, de qualquer maneira. Partimos para o nordeste, para Lida, pequena cidade industrial onde o tio Solomon tinha uma grande fábrica de borracha, fonte de sua considerável riqueza. A produção de galochas e botas de borracha fora interrompida para dar lugar à de máscaras de gás encomendadas pelo governo. Mas a viagem foi desastrosa: o papel do Ministério não era de grande valia se as bombas não tinham gasolina, e aquela que conseguíamos tinha que ser adulterada com álcool desnaturado e até vodca com um teor alcoólico de 90°. Isso não era bom para os Citroëns, que já engasgavam o motor quando chegamos a Białystok, uma grande cidade-mercado, depois de havermos percorrido cerca de dois terços do caminho. Quando estávamos sentados na varanda do seu único hotel de madeira (ou estalagem), meus pais permaneciam extremamente preocupados, tomando seu café com desânimo, enquanto Tolo e eu nos distraíamos olhando pelas janelas para os carros e vagões que passavam; um Studebaker bege apareceu de repente entre eles. Só podia ser o nosso. "Olha, olha", eu puxei a manga do meu pai – "ali está Krajewski com o carro!" Meu pai me afastou, irritado. Mas eu insisti e ele se virou para olhar: não havia outros Studebakers beges na Polônia.

Krajewski tinha (sensatamente) decidido não esperar pelos alemães e partiu logo depois de nós – talvez na esperança de vender o carro, não sei; de todo modo, ele parecia bastante feliz em nos ver. Não era exatamente a salvação, porém nossa próxima etapa estava assegurada. Ainda havia um pouco de gasolina no tanque, o suficiente para nos levar a Lida, que não ficava longe. Em Lida iríamos encontrar não só a fábrica de Solomon, mas também a irmã mais velha de minha mãe, de cabelos brancos, com o marido que trabalhava para o cunhado. Fomos solicitamente acolhidos e encontrou-se espaço para nós. Conseguimos obter um pouco de gasolina. Meu pai estava ansioso para chegar a Vilna e, possivelmente, prosseguir para a Escandinávia – dali, ele planejava chegar a Londres. Essa foi a última vez que os vimos ou que ouvimos falar deles.

Seguimos, pois, para Vilna (capital da Lituânia). Para mim, a cidade natal dos Melups era familiar apenas a partir de fotografias e do *Pan Tadeusz*, o poema épico de Mickiewicz, porém ainda guardo uma limitada lembrança dela. Devemos ter chegado ali em 13 ou 14 de setembro, e então já sabíamos que Varsóvia fora cercada e estava sendo contornada pelas tropas alemãs que se deslocavam para leste, num movimento de pinça de norte e sul. A ansiedade e os nervos tudo ofuscavam. Na noite de 16 para 17, Vyechyslav Molotov fez o seu discurso infame anunciando que a Polônia não tinha mais um governo legítimo e que o Exército Vermelho protegeria os territórios poloneses orientais, pondo em funcionamento aquela cláusula secreta do pacto Molotov-Ribbentropp de 1939. O fracasso das negociações do meu pai em Moscou no ano de 1937 teriam significado a morte brutal – certamente para ele e, com grande probabilidade, também para a sua família.

Poucos minutos após o discurso, nos apinhamos de volta no carro, muito pequeno para levar mais do que uma família de aproximadamente quatro pessoas e Krajewski, o motorista – meus tios, que não tinham filhos, também ficaram para trás, em Lida. Ao longo dos anos, haveria ecos estranhos acerca do destino deles. Parece que o mais velho, Lola, se casou. Uma história conta que ele foi denunciado às autoridades soviéticas por seu enteado. Há também um registro de que ele e o seu irmão mais novo, Wolf, teriam recebido vistos japoneses, em 1940, de Chiume Sugihara, o cônsul japonês em Kaunas que, prevalecendo-se de sua própria autoridade, havia carimbado muitos passaportes de judeus poloneses naqueles dias conturbados. Em seguida, as pistas sobre eles esfriaram.

Houve uma discussão sobre se devíamos tentar atravessar diretamente para a Letônia, mas, no final, meus pais optaram pelo posto fronteiriço que estava em uma linha direta – mais ou menos – de Vilna para Kaunas. A sorte nos sorriu: aqueles que tentaram a rota direta para Riga foram mandados de volta no posto de fronteira da Letônia. Na fronteira lituana, os guardas poloneses juntaram-se aos refugiados, enquanto os lituanos operavam suas barreiras, nervosos e confusos, no aguardo de instruções de Kaunas. Não havia nada a fazer senão esperar, como parte de uma pequena e ansiosa multidão: o oficial comandante local, o prefeito de Vilna, o governador da província, um ou dois magnatas e a viúva do marechal Piłsudski, uma senhora reservada, trajando roupas surradas, com suas duas filhas adolescentes; eramos talvez trinta ou quarenta pessoas ao todo. A essa altura, tio Solomon, sua esposa Polina e meus dois primos também haviam se juntado a nós, na fila daquele mesmo posto.

A busca por alimento e o escambo fizeram com que obtivéssemos nosso jantar – lembro-me de pão preto e de uma lata de sardinhas. Acomodamo-nos no carro. Eu não sei quanto a meus pais e Krajewski, mas nós, crianças, tivemos uma boa noite de sono. Quando acordamos de manhã cedo, havia uma imensa fila em pânico atrás de nós. O grupo de elite na nossa chegada havia crescido para uma multidão de duas ou três mil pessoas – camponeses, comerciantes, trabalhadores, freiras e monges. O Exército Vermelho estava perto e rumores circulavam sobre a sua barbárie, os assassinatos e saques, os estupros. Por razões que jamais descobrimos, os lituanos, no meio da manhã, de repente decidiram abrir a fronteira antes que os soviéticos nos alcançassem. Movemo-nos continuamente, sem quaisquer interrupções, com gratidão, e soubemos mais tarde que havíamos tido sorte – outros postos de fronteira não foram abertos. Mas o que seria agora de todos nós?

    O comboio parou na primeira cidade-mercado, Kajšadaris (suponho que a Koszydary polonesa). Não nos permitiram seguir adiante. As pessoas dormiam em carroças e vagões ou em carros, se porventura os tivessem. A comunidade judaica foi imediatamente chamada para ajudar seus membros. Tivemos a sorte (ou talvez o dinheiro) de sermos alojados em uma estalagem de propriedade de judeus; um edifício de madeira caindo aos pedaços, sem nenhum outro encanamento a não ser a única torneira de água na cozinha. Havia urinóis e dois sanitários de terra no quintal. A rotina da minha mãe com álcool desnaturado não se aplicava a Kajšidaris. Lembro-me vividamente de um detalhe ridículo no tocante à aflição dos meus pais naqueles dias: a empregada do hotel "limpou" os sapatos de camurça da minha mãe com graxa de sapato, arruinando-os completamente. As lágrimas dela pelos sapatos arruinados, é claro, eram vertidas por tudo o mais. Irritações triviais podem desencadear a percepção do desastre.

Há, no entanto, uma lembrança mais solene, e muito mais vívida: o serviço do *Kol Nidrei* (na noite do Iom Kipur, o Dia do Perdão) na pequena – também de madeira – sinagoga totalmente lotada, fervilhando de pessoas, e brilhando com lâmpadas elétricas e velas que aumentavam ainda mais o calor sufocante. O rabino, de barba majestosa, envolto em seu *tales*, com um *schtreml* descomunal (o chapéu de pele de raposa dos *hassidim* eminentes) sobre a cabeça, pregava um sermão desolado, enlutado e ardoroso, como se estivesse lamentando o destino de Varsóvia – e o de todos nós. O cerco terminaria alguns dias depois, em 27 de setembro, mas todos nós sabíamos que isso significaria o isolamento da comunidade judaica e sua aniquilação certa. Nada poderia ou seria feito para detê-la. Estávamos todos impotentemente envolvidos nessa fatalidade. Com as duas mãos o rabino agarrou o púlpito, movendo-se para trás e para frente, embalado por suas próprias palavras, no início calmas e reflexivas – quase sussurradas –, mas que gradualmente atingiam um clímax entoado, quase gritado, de raiva e ameaça, invocando a vingança de Deus pela atrocidade, apenas para baixar novamente o tom até uma nota enlevada, suplicante mesmo, reconhecendo nossos pecados e fracassos. Ele nos fustigou a todos retoricamente naquele martelar incansável, na ascensão e queda das ondas enfurecidas de piedade e terror.

Nessa noite percebi que não estávamos envolvidos em uma emocionante, se bem que muito perigosa, aventura, mas em uma tragédia insondável para dentro da qual estávamos sendo irremediavelmente sugados.

Kaunas

O comboio se dispersou rapidamente, algumas pessoas distribuídas entre as fazendas para ajudar na colheita, outras lançadas em uma situação debilitante e ociosa de refugiados. Estávamos entre os poucos que podiam dar-se ao luxo de ir a Kaunas, que tinha uma fortaleza ocupada por uma guarnição militar, um ou dois hotéis, um ou dois cafés, mas não era realmente muito maior do que uma sólida cidade-mercado-fábrica. Seus monumentos eram uma pequena catedral, uma ou duas velhas igrejas, e um novo museu nacional, que parecia uma agência dos correios fascista italiana de província – colunas lisas que suportavam uma viga igualmente simples. Por acaso, durante nossa estadia em Kaunas, um respeitado líder político morreu e seu corpo, em um caixão aberto, foi colocado com toda a pompa no saguão do museu; um eco modesto da cerimônia fúnebre de Piłsudski cinco anos antes. Com curiosidade mórbida, meu irmão e eu nos juntamos à pequena multidão reverente. Quando entrei, olhei para o friso, as palavras inscritas em um lituano enigmático (para mim). No entanto, foram necessários poucos segundos para interpretá-las – uma tradução das linhas de abertura do poema épico de Mickiewicz, *Pan Tadeusz*, que eu, como a maioria dos estudantes poloneses, sabia de cor:

> Ó Lituânia, minha pátria, tu és como a boa saúde
> Só quem já te perdeu sabe teu verdadeiro valor

Mickiewicz escreveu em polonês. O lituano só se tornaria uma língua literária depois de sua morte.

Enquanto meu irmão e eu perambulávamos por Kaunas, os adultos tratavam dos assuntos sérios; conseguir escapar – à

Grã-Bretanha, para nós, aos EUA, para o tio Solomon e sua família, à França, para alguns outros. Éramos todos conscientes de que a Lituânia estava isolada, era pequena, impotente. Um novo abrigo antiaéreo, para cinquenta pessoas (de uma população de 200 mil), foi orgulhosamente exibido. Outros, entretanto, nos disseram que um avião vindo da Prússia Oriental sobrevoaria Kaunas dois minutos depois de cruzar a fronteira. Era patético, como todos sabiam. Se a Alemanha ou a União Soviética achavam que os Estados bálticos poderiam interpor-se, a Lituânia – ou a Letônia – só poderia resistir por um ou dois dias. Quando um submarino polonês "retido" escapou do porto de Riga uma noite, pensamos que tudo havia acabado. Mas as grandes potências ainda estavam ocupadas demais em outro lugar.

Como os países para os quais a maioria de nós queria ir relutavam em nos receber, refugiados poloneses passavam suas tardes no principal café da cidade repassando passaportes com vistos inusuais – Japão e Manchúria, Pérsia e Tailândia, vários países latino-americanos. Os passaportes teriam que ser deixados durante a noite e recolhidos na parte da manhã (quando os consulados abriam), de modo que as tardes eram como um encontro social filatélico, embora os carimbos e selos brilhantes não fossem os tesouros infantis a que se assemelhavam. Eram chaves para escapar da morte rápida ou dos horrores da tortura e da escravidão. Depois da guerra, soube-se que alguns funcionários diplomáticos – especialmente o heroico cônsul japonês, que carimbou os passaportes dos meus tios – excederam em muito a quota de vistos que foram autorizados a emitir, incorrendo na ira de seus superiores e, com isso, propiciaram o único meio de fuga possível para os vivos condenados.

A busca de minha família imediata acabou por ser relativamente simples. Tivemos que obter um visto norueguês para conseguir um sueco: o sistema de "pular carniça" definia que tentássemos adquirir um visto para um país fácil e mais remoto (para o qual você não precisava ir) como pretexto para obtê-lo para o país mais próximo e difícil. Felizmente tínhamos o visto britânico, e depois de finalmente ter conseguido o mais difícil, o da Letônia, poucos minutos antes de partir embarcamos no trem para Riga, na estação de Kaunas. O contraste era nítido: saímos de duas plataformas calçadas com pedras para chegar ao posto da fronteira da Letônia, Eleja, que tinha seis plataformas asfaltadas. Riga também possuía uma estação ferroviária de aparência alemã, com plataformas pavimentadas e linhas brilhantes. A próspera e limpa Riga – capital de um país pequeno, mas rico, industrial e bastante germânico – estava em nítido contraste com a Kaunas provinciana-russa, de aparência decadente e calçada com pedras. Na manhã seguinte à nossa chegada, fomos ao aeroporto para embarcar num DC3 soviético rumo a Estocolmo. Temerosos e apreensivos mostramos nossos passaportes poloneses. Sabíamos – ou pelo menos nossos pais sabiam – que ninguém nos procuraria se simplesmente desaparecêssemos; não tínhamos nenhum governo para nos proteger. Entretanto, chegamos a Estocolmo sem incidentes.

Ao que parece, havia dinheiro suficiente para um hotel da mais alta qualidade, e meu irmão e eu, sem escola para ir, perambulávamos por Estocolmo como havíamos feito em Kaunas. O museu nacional, o grande Castelo Real, até o novo edifício Co-op, orgulho da mais recente arquitetura sueca, me intrigaram. Um elevador-torre, de estrutura de aço, estendia-se de uma linha férrea e conectava-se à estrutura principal através de uma ponte envidraçada que abrigava um restaurante elegante. Aprendi sobre sua importância mais tarde. No entanto, só pudemos relaxar por três ou quatro dias. Meu pai, tendo sofrido uma embolia na perna (aquela na estação de Berlim), sofreu seu primeiro derrame um ou dois dias após a nossa chegada. Afortunadamente, tratou-se de uma embolia leve, que apenas impediu os movimentos de um braço, mas ele foi temporariamente imobilizado e minha mãe informada de que ele não poderia viajar e tinha de se manter em repouso.

Saltsjøbaden, Amsterdã, Brighton

Nos mudamos para Saltsjøbaden, um local suburbano de veraneio à beira-mar, modorrento e, fora da estação, mais barato, onde permanecemos por algumas semanas, enquanto meu pai se recuperava. Aparentemente, o derrame não deixara sequelas visíveis. Lembro-me de um hotel confortável e espaçoso. Um esperto menino norte-americano, filho de um diplomata que, como eu, falava inglês, também morava lá e tornou-se rapidamente meu amigo; costumávamos remar na enseada. Em uma ocasião, nos deparamos com algumas redes, as puxamos e voltamos ao hotel com um grande bacalhau (teria sido roubo?, eu me perguntava), que comemos naquela noite com molho de raiz-forte. Esse idílio, contudo, foi breve. Quando meu pai se recuperou, pegamos o trem para Malmø e dali embarcamos num avião para Amsterdã via Copenhague – de onde me lembro do edifício brilhante de concreto do aeroporto, simples, porém muito refinado, obra-prima de Willem Lauritzen, embora meus pais não o tivessem apreciado. A próxima etapa de nossa viagem era perigosa, como eles bem sabiam: aviões civis, que operavam entre Copenhague e Amsterdã, tinham sido alvejados por navios de guerra alemães, por mais cuidado que tivessem para evitar águas territoriais alemãs.

O mesmo não aconteceu conosco. Amsterdã parecia cinzenta e decadente em comparação a Estocolmo, e sua fala germânica era muito gutural (isso me fazia pensar que todo mundo estava falando ídiche); nossa estadia, no entanto, foi breve. Partimos para a Grã-Bretanha depois de três dias. Era final de novembro e tudo havia acabado na Polônia. As notícias que conseguiam ser divulgadas falavam apenas de calamidades.

Voos da Europa tinham sido desviados para o aeroporto de Brighton, Hove e Worthing. Quaisquer que tenham sido os meus sentimentos com relação aos anos em que eu ali estudara, Brighton agora parecia segura e familiar – quase como minha casa. Reverberando a experiência de Białystok, olhei para fora da janela do pequeno edifício do terminal e avistei o capitão Peters, o antigo colega do meu pai na Westinghouse, descendo de um avião de transporte militar que acabara de chegar de Paris. "Olha, olha, lá está o capitão Peters!", eu gritei. "Que absurdo" – meu pai, instintivamente, me fez sentar antes de olhar por si mesmo. Era de fato Peters. Meu pai emocionou-se ao encontrar, com tanta rapidez, seu antigo colega de trabalho e – pensava ele – amigo. A rejeição, contudo, foi imediata, fria e hostil. Peters mal admitiu conhecê-lo. Vinda de alguém que comera sua comida e nadara em sua piscina (além de ter feito fortuna graças a ele), essa não foi a recepção de boas-vindas pela qual meu pai esperara, se bem que pressagiasse coisas por vir. Quando chegamos a Londres, minha mãe telefonou para a senhora Peters, que, alegando estar ocupada no momento com o trabalho na Cruz Vermelha, disse que não teria tempo para vê-la. Então o assunto estava liquidado.

A anglofilia do meu pai jamais se recuperou desse golpe traiçoeiro; ele acreditava que o nosso futuro estaria assegurado por seu contrato com a Westinghouse e algumas outras empresas britânicas. As empresas britânicas simplesmente negaram que qualquer acordo verbal – em que o meu pai havia confiado – existisse, afirmando que o acordo escrito fora cancelado pela guerra, quando os pagamentos do governo polonês se extinguiram. A Alemanha e o leste adiante não eram mais de interesse comercial. Houve uma disputa legal complexa, prolongada e – no final – frustrante, em que meu pai venceu uma ou duas batalhas, mas acabou por perder decisivamente a guerra.

Nesse meio tempo, o Buick azul que meu pai guardava em Londres teve que ser vendido – estrangeiros, ainda que "aliados", não estavam autorizados a conduzir automóveis; a rua Mansfield teve de ser abandonada porque era demasiado cara. Mudamos para o norte, para a menos dispendiosa St. John's Wood. Meus pais viram algumas casas e apartamentos por ali, incluindo a do arquiteto Ernst Freud (filho de Sigmund e pai de Lucian), que rejeitaram como inconvenientes; ali lhes foram mostrados alguns desenhos feitos pelo filho da família, que acharam fascinantes, porém estranhos. Estabeleceram-se, por fim, em um apartamento relativamente luxuoso em Eyre Court, na Finchley Road. Ele se tornou nossa casa por cerca de dezoito meses, enquanto o meu pai, que ainda trabalhava no seu escritório no Bush House, começou a promover um sistema patenteado de transmissão de eletricidade de alta voltagem por longas distâncias.

O apartamento em Eyre Court tinha uma pequena biblioteca convencional que era um desafio: eu mesmo comecei a comprar livros antigos, embora meus trocados nunca tenham me permitido qualquer coisa grandiosa o suficiente para rivalizar com os seletos "conjuntos" que faziam parte de seu mobiliário – o George Eliot e o Thackeray com capa de couro e outros afins. Havia também um piano e uma pianola elétrica anexa, que eu poderia operar para compensar a frustração que o instrumento acionado por pedais da minha avó havia gerado.

Era a época da "Guerra de Mentira". Apesar de vivermos em um conforto londrino relativo, não havia praticamente nenhuma notícia da família. Em abril de 1940, a Noruega foi invadida. Nesse ínterim, a União Soviética devorou os países bálticos e invadiu a Finlândia – um episódio desconcertante, pois nossas simpatias estavam, é claro, com o David finlandês, porém, ao que parece, o mesmo acontecia com os alemães. Foi uma longa campanha, com os alemães enviando tropas, mas que acabou estranhamente quando os finlandeses mudaram de lado, em 1944.

Em Londres, entrementes, as crianças foram evacuadas, e mais abrigos escavados nos jardins residenciais. As ovelhas em Green Park foram abatidas, e grades de ferro – mesmo as magníficas, datadas do século XVIII –, arrancadas para serem processadas como sucata. As escolas abriam e fechavam intermitentemente. Fui enviado para um ofegante *crammer* (o termo para um professor aposentado que alimenta crianças à força com informações para exames), que fumava cachimbo; ele vivia em uma casa friorenta na Willoughby Road, em Hampstead, onde eu, de fato, fui "entupido" de informações para o exame de admissão a uma escola pública. O meu inglês era fluente o suficiente (graças – devo admitir – ao Whittinghame College) para uma educação inglesa normal.

Hampstead se tornaria minha casa durante a maior parte da minha vida. Estava empobrecida então, mas era refinada. Também frondosa e bastante descontraída – a parte de

Londres em torno da qual gravitavam tantos refugiados europeus que Churchill, certa vez, sugeriu que houvesse ali um consulado britânico em Swiss Cottage. Um ou dois cafés foram abertos – no Swiss Cottage, na Finchley Road e em England's Lane, no South End Green. Artistas e escritores (alguns a caminho dos EUA) achavam o lugar agradável. Em um determinado momento, pouco antes de a guerra começar, Naum Gabo, Piet Mondrian e Kurt Schwitters moraram a poucos minutos a pé um do outro, próximos do Belsize Park. Quando Sigmund Freud foi forçado a sair de Viena, também se mudou para Swiss Cottage. Havia ainda nativos interessantes: o biólogo J.D. Bernal, Henry Moore, Barbara Hepworth e Ben Nicholson, Agatha Christie e Mark Mallowan, D.H. Lawrence, George Orwell ali viveram em distintos períodos dos anos de 1930 e de 1940, mas esses nomes pouco significavam para mim então.

Durante os feriados e nos fins de semana eu e meu irmão tínhamos permissão para perambular por uma Londres segura – porque praticamente sem carros – e dar uma olhada nos vários pontos turísticos. Whitehall era um espetáculo incessante, com o Parlamento e seu constante entra e sai. Passeávamos por acaso em Downing Street, em 10 de maio de 1940, quando uma pequena multidão viu o triste e derrotado Neville Chamberlain entrar em sua limousine, sob aplausos tímidos que ele mal agradeceu, e partir. Poucos minutos depois, um sorridente Winston Churchill saiu e foi entusiasticamente saudado; também ele se foi. Nós não sabíamos, até ouvir o noticiário da noite, que ambos tinham ido ao palácio – Chamberlain para oferecer sua renúncia, e Churchill para assumir o cargo de primeiro-ministro. Percebemos que algo importante acontecera, mas, até tudo isso ser contado após a guerra, não tínhamos noção da disputa entre Churchill e Halifax naquele dia, ou de seu final decisivo. A curiosidade e o fortuito fizeram de mim uma testemunha ocular de um dos momentos cruciais da guerra.

Meus pais tinham em mira para mim a University College, em Frognal; fui admitido depois de ser suficientemente entupido de gramática latina e geometria para passar no exame de admissão já na primeira tentativa, e Anatole foi para a escola primária. Os edifícios eduardianos "barrocos", todos eles moldados e talhados em guirlandas frutíferas, em tijolo vermelho e pedra lisa, com garotos em uniformes de listras vermelhas e pretas, dariam a toda a experiência uma coerência visual definitiva – paraurbana, em vez de suburbana. Em frente à escola ficava a casa de tijolos mais delicadamente ornamentada que Norman Shaw construíra para Kate Greenaway, bem como uma fileira de casas de tijolos maciços amarelos "modernos" do mesmo Ernst Freud, com cujo apartamento não havíamos ficado, e subindo a rua estava localizada a não pavimentada Frognal Way (ao pé da igreja paroquial georgiana), por onde às vezes perambulávamos; havia ali dois modelos importantes da arquitetura moderna, 66 Frognal (de Amyas Connell, Basil Ward e Colin Lucas), e a brilhante Sun House, de Maxwell Fry (depois parceiro de Walter Gropius), bem como a berrante casa caiada de telhas capa e canal verdes que a cantora popular Gracie Field (mais tarde conhecida como "a queridinha das tropas") construíra para si mesma; tudo constituiu um episódio decisivo na minha educação visual.

O breve período de tempo que ali passei foi interrompido, na parte pessoal, por meu pai ter sofrido outro derrame, dessa vez causando uma lesão maior e, na parte pública, pela Batalha da Inglaterra. Os ataques aéreos diurnos em grande escala começaram no início de julho de 1940 e foram, ao mesmo tempo, aterrorizantes e emocionantes.

Os bombardeiros não podiam voar baixo demais por causa dos balões de barragem, porém os combates aéreos encarniçados – aquele fora mais um verão quente e a fumaça expelida pelos escapes girava como um torvelinho no céu – tornaram-se parte do teatro diário de guerra, a emoção sobrepondo-se ao terror. Meus pais, contudo, queriam que eu e meu irmão ficássemos fora de Londres. A escola secundária UCS foi evacuada para os subúrbios, porém meu pai tinha maiores ambições para mim. Pouco antes de sofrer o derrame, ele viajou a Godalming, em Surrey, e conseguiu convencer o diretor de Charterhouse, o arredio Robert Birley, a me aceitar como aluno, sem as preliminares usuais. Ele escolhera Charterhouse em grande parte porque ali se jogava futebol (e não rúgbi) como esporte de inverno. Foi uma escolha crucial para o meu futuro, não por causa do jogo – que nada significava para mim, o que, como já disse, era motivo de um desgosto sempre maior para meu pai.

Eu estava na casa de um amigo de escola quando ele sofreu o penúltimo derrame e, quando cheguei, a ambulância o estava levando para o hospital. Minha mãe teve que avaliar a situação rapidamente: é óbvio que ele não poderia continuar com o escritório em Bush House, que teria que ser fechado; tampouco poderíamos arcar com as despesas do apartamento em Eyre Court. Meu pai não ficou muito tempo no hospital, mas voltou para nós diminuído, quase encolhido. Estranhamente, ao longo dos cinco anos de suas primeiras embolias, nenhum médico que o tratou sequer mencionara que fumar incessantemente era uma ameaça à sua saúde.

Nós nos mudamos para o norte, decaindo financeira e socialmente, para um hotel residencial em Belsize Grove, onde a nossa vizinha era a senhora Jabotinska, a esposa semisseparada do líder revisionista em cujo joelho eu me sentara em Varsóvia quando criança – e que estava então morando em Nova York. Nossas noites londrinas continuaram a ser incomodadas por sirenes e bombas. Havia um abrigo no porão do hotel, mas em algumas noites éramos despachados para a estação de metrô de Belsize Park, com cobertores e garrafas térmicas. Aprendi a jogar bridge e comprei um mapa (que pendurei na sala que dividia com Anatole), prendendo bandeiras que mostravam os avanços dos Aliados e (na época, principalmente) as recuadas.

Buscar abrigo logo se transformou em uma rotina, e, embora a bomba seguinte que caísse nas proximidades sempre provocasse susto, passou a fazer parte da experiência diurna e noturna. Em pouco tempo adquirimos o sangue-frio dos nossos contemporâneos britânicos. Havia até mesmo um pouco de prazer – ou pelo menos de conforto – no calor e na sociabilidade das comunidades dos abrigos, sobre a qual tanto já foi escrito. No entanto, antes de cair a noite, haveria outro ritual estabelecido, o de ouvir as notícias das nove horas, para o qual todos os hóspedes do hotel se reuniriam no salão principal. As notícias eram sempre precedidas pela reprodução dos hinos nacionais dos Aliados, e mais e mais eram adicionados à medida que a guerra se prolongava e os êxitos e fracassos variavam. Em ocasiões especiais, a leitura das notícias era complementada por uma recitação mais solene – um discurso mobilizador de Winston Churchill. Ele era sempre ouvido em silêncio reverente e comentado com respeito, tanto por parte dos residentes estrangeiros como dos poucos nativos – em sua maioria aposentados.

No entanto, como a Batalha da Inglaterra estava agora mais intensa, minha mãe foi aconselhada a transferir o meu pai para fora do alcance das bombas. Fiquei sabendo de tudo isso mais tarde, pelas cartas dela, mas seu impacto pleno me atingiria durante as férias escolares. Meus pais se mudaram para Llandudno, norte do País de Gales – lembro-me de ter visitado um castelo bem próximo, Conway, bastante restaurado, com suas pontes paralelas suspensas e tubulares (embora projetadas por Thomas Telford e Robert Stephenson, aos quinze anos de idade eu era vergonhosamente desinteressado por isso), lamentando que ele não fosse tão grandioso quanto o castelo de Caernarvon, localizado mais adiante.

Suspeito que Llandudno tenha sido escolhida por abrigar uma comunidade judaica estável e até mesmo uma sinagoga semipermanente em um teatro em desuso, presidida pela enorme cartola do joalheiro Wartski, que sofria de gota (lembro-me de um escabelo) e que fizera fortuna negociando as peças Fabergé que ele comprava de refugiados russos. O exílio no norte de Gales, contudo, era remoto demais, isolando meus pais, e eles se mudaram para Oxford, para aposentos em uma deselegante pensão de tijolos cinza na Wellington Square, nos limites de North Oxford.

A pequena comunidade judaica da Oxford concentrava-se, em tempos de guerra, em uma isolada sinagoga de tijolos vermelhos, e incluía alguns judeus "nativos" como Neville Laski (QC [Queen Counsel – conselheiro da rainha], irmão do famosíssimo economista Harold), lorde Samuel (que fora o comissário britânico na Palestina, e, portanto, era considerado pelos meus pais como um traidor da causa sionista), um grupo de refugiados russos, os Berlins (pais do famoso Isaiah, que estava em Washington em sua missão de guerra, e em cujas dependências do New College os pais às vezes ofereciam um chá) e os Pasternaks (uma das duas irmãs muito bonitas do poeta Boris casara-se com um primo e assim manteve o sobrenome; a outra, a senhora Slater, mantinha-se afastada da comunidade judaica).

Em sua casa, eu, às vezes, via o pai delas, o pintor Leonid, então com noventa anos. Ele se encantara comigo porque eu havia falado com entusiasmo sobre Benozzo Gozzoli, o artista toscano, cuja minúscula Madona, semelhante a uma joia, havia me surpreendido e encantado em uma visita a Londres, quando a vi na National Gallery; ela havia sido escolhida como o "quadro do mês" – uma das obras-primas a seri retirada do seu refúgio durante a guerra e exibida por algumas semanas na Londres marcada por cicatrizes causadas pelas bombas.

Leonid Pasternak, ao que se constatou, era maluco por Gozzoli; ele passara meses a fio fazendo grandes cópias em aquarela dos afrescos de Gozzoli (agora em grande parte destruídos por bombas durante a guerra) no Campo Santo de Pisa, e parecia encantado em encontrar um adolescente que sucumbira ao mesmo fascínio. Conversamos não apenas sobre Gozzoli, mas também sobre Matthew Smith, que fazia pinturas um pouco parecidas com as mais tardias do próprio Pasternak (a comparação o divertia). Ele me mostrou seus desenhos de Tolstói e o agora mais famoso desenho de uma reunião imaginária entre Tolstói e Solovyev, bem como suas ilustrações para a edição original de *Ressurreição*, de Tolstói.

A vida do meu pai em Oxford estava toldada pelas sequelas do seu penúltimo derrame, que afetou sua compreensão; não a audição ou a fala – era uma forma de afasia que o impedia de configurar o que lia, então alguém devia fazê-lo para ele. Ele achava isso indigno e humilhante – porém estava ansioso para comparecer no comando de seus negócios e, assim como todos na época, intensamente preocupado com o andamento da guerra. Minha mãe passava a maior parte do seu tempo lendo para ele. Quando eu ia a Oxford nas férias escolares, às vezes a substituía. Mas ele ficava impaciente com a minha pobre articulação e com o fato de eu não ler em voz alta o suficiente; quanto a mim, lembro-me, com vergonha, que achava a experiência desgastante, enervante – talvez porque eu nunca conseguia satisfazê-lo; o que, suponho agora, fosse de se esperar na sua condição.

Uma Escola Muito Diferente

A escola em que meu pai me confinou fez com que eu mergulhasse em um mundo totalmente estranho. Foi o meu primeiro e único internato inglês. Whittinghame também pode ter sido um internato, mas só aspirava a um anglicismo modificado; a University College, embora fosse uma escola pública (no sentido inglês oficial do termo), não admitia alunos internos, porém Charterhouse tinha todos os sinais do que, nos séculos XIX e XX, era considerada uma escola pública pós-arnoldiana. Estava situada em um platô no topo de uma colina, acima de Godalming, uma grande aldeia/pequena cidade, e o acesso a ela se dava por uma estrada sinuosa através de uma passagem por faias e carvalhos. A estrada conduzia a uma aldeia menor, Shackleford, que não desempenhou nenhum papel na minha vida.

No platô, erguia-se um grande colégio gótico, com torres e bastilhões, projetado pelo mais jovem dos dois Philip Hardwick (pai e filho – nenhum deles muito célebre), rodeado de forma pouco gótica por campos de jogos. A torre com relógio e o monumento do fundador davam para o sul e constituíam, de fato, a parte de trás do complexo. O visitante chegava aos edifícios através de uma arcada tudoriana, que abrigava as antessalas do diretor e conduzia a um pátio fechado pela biblioteca e pelo saguão à direita e, à esquerda, pela mais recente capela comemorativa da guerra, atarracada e colossal, de janelas altas e estreitas, pontiagudas e ogivais, adicionada por sir Giles Gilbert Scott, na década de 1920; adentrava-se no seu interior cavernoso por uma proteção de pedra na qual estavam inscritos os nomes dos antigos alunos mortos na guerra. Os finos arcos ogivais serviam de principal fonte de luz e seu interior, onde entoávamos diariamente louvores ao nosso Criador a partir de duas linhas opostas de bancos, era dominado por uma imensa cruz preta suspensa na extremidade leste. Teria meu pai pedido que eu fosse dispensado dos serviços da capela? Não sei. Talvez ele pensasse que, seja como for, eu pareceria forâneo o suficiente.

O ambiente vitoriano (e pós-vitoriano) desafiava a antiguidade da instituição, que fora fundada em 1611 pelo financista-corsário (isto é, pirata), sem filhos, Thomas Sutton, "para a promoção de toda devoção e boa literatura", como a muitas vezes repetida "oração do fundador" nos dizia. A escola recebeu o seu nome a partir dos edifícios que Sutton comprara para ela, o Mosteiro dos Cartuxos em Smithfield, fundado em 1371 e dissolvido por Henrique VIII, cujo último prior, John Houghton, que fora esquartejado e as partes do seu corpo penduradas em diversas partes de Londres, não era considerado um dos ilustres da escola. Ela foi transferida da mefítica cidade de Londres para o campo nos primeiros anos de 1870-1872, quando tinham sido erguidos os principais edifícios que descrevi; os alunos viviam nas "casas", algumas das quais faziam parte dos edifícios antigos, enquanto outras, que pareciam quartéis vitorianos, foram agrupadas em ambos os lados da estrada de Godalming. O *status* de cada colégio dependia da data de sua fundação e da personalidade do seu preceptor, e aquele ao qual eu havia sido mandado, estava na parte inferior dessa classificação.

Tanto tem sido escrito – em grande parte em forma de memórias – acerca de escolas públicas e até mesmo especificamente sobre Charterhouse[12], que eu me sinto dispensado de oferecer quaisquer comentários gerais sobre as diversidades locais do estafante sistema de *fagging*▪, jogos, fustigação, e todas essas coisas. Assinalo, no entanto, a ruptura radical que eu tive que fazer com o *habitus* do meu ambiente familiar. Foi em Charterhouse que ouvi pela primeira vez um menino se referir à sua mãe como *mater*. Muito diferente da minha *mamusia*.

A primeira privação que me atingiu foi a sanitária: eu aceitava como coisa corriqueira o fato de me lavar em água corrente (que, afinal de contas, já é algo viável há um século, pelo menos), ou talvez eu estivesse ligado a isso atavicamente, segundo o costume judaico de higiene. Em Charterhouse – e acredito que o mesmo ocorria em todas as acomodações – havia casas de banho, e o seu uso era restrito a um banho semanal, mas cada aluno tinha um lavatório ao lado de sua cama e os jarros eram cheios de água pelos serviçais na hora de acordar. Tínhamos que lavar as mãos e o rosto na bacia, na qual também cuspíamos depois de escovar e enxaguar os dentes. O cheiro combinado de hortelã do creme dental e do sabonete comum ainda traz à tona memórias horríveis, desconfortáveis. Eu costumava me esgueirar para as casas de banho, sempre que possível, mas o seu uso era regulamentado por – entre outras coisas – *postees* (creio que é uma corruptela de *post te*, "passe primeiro"), como eram chamados, em Charterhouse, os privilégios que classificavam os alunos em hierarquias, com relação aos quais eles eram examinados ao serem promovidos de *new-bug* (o nome dado aos calouros) ao nível mais baixo de *fag*. Cada uso ilícito da casa de banho expunha ao perigo de uma reprimenda ou mesmo de uma suave punição.

Houve outro choque, bastante diferente, quando chegou o dia de outro discurso raivoso de Churchill. Eu esperava que ele fosse ouvido com reverência, como acontecia no meu círculo familiar. Ouvimos o noticiário da noite, é claro, e com avidez, na sala de estar dos rapazes mais jovens – então imagine a minha surpresa quando as primeiras consoantes ininteligíveis do grande líder foram recebidas com uma gargalhada geral e, na medida em que o discurso prosseguia, com o conhecido fraseado agora mais enfático e os tartamudeios alcoólicos, o riso continuou. Meu primeiro choque com a irreverência foi absorvido em meu próprio reconhecimento do lado voluntarioso e rebelde de Churchill.

O Declínio e a Morte de Meu Pai

Eu tentava entrar em acordo com todo esse ambiente inflexível, quando fui arrebatado para fora dele. Fui chamado de volta a Oxford, quando meu pai sofreu o seu derrame final. Até eu chegar, ele já estava em coma no Radclyffe Infirmary. Tinha 48 anos. Pouco antes de perder a consciência, ele disse amargamente para a minha mãe, como ela me contou mais tarde: "Deixo você nas mãos desses ladrões de luvas brancas!" Sua anglofilia se transformara em fobia.

Ele morreu sozinho, durante a noite seguinte. Disseram à minha mãe que fosse para casa, que ele iria ficar bem. Ela nunca perdoou totalmente o especialista cardiovascular que cuidava dele, suspeitando que ele quisesse evitar uma cena no leito de morte. Ele deveria ter percebido, àquela altura, como ela tinha autocontrole.

Meu pai foi enterrado no cemitério judaico em Oxford. O funeral foi modesto, mas lotado. Vieram muitos membros do grupo russo, assim como alguns velhos amigos; um ativista revisionista, Salomon Landman, fez um discurso fúnebre bastante comovente. O que permanece mais vívido em minha memória, contudo, é a figura rechonchuda de Jack Goody (o proprietário do restaurante, em Oxford Street, onde havia sido comemorado, com um almoço, o meu *bar-mitzvá*, e que conhecia meu pai desde os tempos de estudante em Manchester), entrando ofegante pelos portões do cemitério. Ele não havia sido informado da morte do meu pai e lera o anúncio do funeral no jornal matutino.

No final da cerimônia, recitei o *kadisch* dos enlutados pela primeira vez sobre o seu túmulo. De repente, eu não era mais um menino.

1942 – 1963

Charterhouse

A morte do meu pai causou uma fissura em minha vida e – inevitavelmente – perturbou aquela estranha (mas até então enraizada) rotina escolar, à qual retornei. O que aumentava a minha confusão era a tentativa materna obstinada de me conter na infância. Isso violava os costumes da escola, que exigia que eu aceitasse a minha adolescência e raspasse o meu ralo bigode; apesar de tais regras, ela tentou adiar esse deslize sintomático indefinidamente. A escola venceu, é claro – e eu comprei minha primeira lâmina de barbear Gillette, sabão e escova.

Por mais estranho que tudo isso lhe parecesse, ela passou a economizar para pagar as mensalidades de Charterhouse (e as do meu irmão na escola Dragon, em Oxford), um esforço que não me era permitido esquecer. Deixada sozinha, com meu irmão caçula de dez anos como sua única companhia constante, ela aceitou sua viuvez com dificuldade. Muito mais tarde, me deu a entender que havia sido cortejada – do que eu tinha só tênues indícios à época. Seja como for, ela nunca se casou novamente, dispensando pretendentes incapazes de igualar-se ao que ela havia perdido – baixos demais, ríspidos demais, ricos demais, pobres demais – ou não tão respeitáveis. Mais tarde, ela até mesmo aventou a um dos meus primos que, se pudesse viver mais uma vez, não teria sequer se casado, mas teria muitos amantes: uma fantasia que sugeriu uma patética falta de autoconhecimento.

Naqueles primeiros dias de sua viuvez, o fato de ter várias aulas na vã esperança de aprender um ofício servia como uma muleta. O terror da penúria sempre estava com ela e arruinava minhas férias escolares, assim como suas disputas judiciais intermináveis (que envolviam frustrantes e inconclusivas reuniões) com antigos sócios do meu pai, de cujos detalhes jamais me inteirei – uma vez que ela nunca revelava o estado de suas contas para mim. Tudo de que eu estava ciente era da constante e corrosiva preocupação. A simples, porém não dramática, verdade, é que ela tinha uma minúscula renda do que havia remanescido da fortuna do meu pai, o que vim a saber apenas depois que ela morreu.

Mas a morte do meu pai também induziu outra adaptação da qual eu só estava meio consciente – uma mudança em nosso mosaico linguístico. De certa forma eu não poderia, então, entender que a presença do meu pai nos mantivera ancorados na língua polonesa, da qual nossa mãe possuía tênue domínio. Meu irmão havia descartado o alemão do nosso quarto de crianças (que ele esqueceu meses após a partida de Kaga) e, em seguida, o polonês – que, de todo modo, fora seu idioma básico só por quatro anos – pelo inglês da escola e da rua. De nós três eu era o único enraizado no polonês, ao qual me agarrava obstinadamente, como se fosse a minha casa, apesar de ele ter sido fustigado pelas pressões de todo o nosso meio ambiente, porém, principalmente, pela escola. Eu até tentei impor uma regra em casa contra o inglês macarrônico dos "refugiados" – qualquer frase deveria ser terminada no mesmo idioma em que começara. Mudanças somente após um ponto final. Eu era o único a aplicar rigorosamente a minha própria regra; e como raramente tinha a oportunidade de falar polonês fora do círculo familiar, o idioma atrofiou-se na fase escolar, ao passo que o meu inglês – a língua da escola e, em seguida, da universidade, da profissão e da vida emocional adulta – floresceu às suas expensas.

Charterhouse, para onde retornei com relutância, oferecia algumas amenidades – como ocorria em muitas dessas escolas. O meu fracasso em marcar tentos no futebol ou no críquete (os raríssimos pontos marcados em partidas em casa eram saudados com aplausos sarcásticos) me relegou para o bando dos antiesportivos chamados "pioneiros", que faziam coisas inglórias (porém mais agradáveis), como podar árvores e espalhar fertilizante à base de lúpulo. A biblioteca também era acolhedora: um salão com clerestório, muito bem aquecido no inverno (por duas lareiras de ferro fundido centrais com ventilação por hipocausto, semelhantes àquelas mais famosas na Câmara dos Comuns), ao contrário do resto da escola. Ela era igualmente bem suprida. Minha principal descoberta ali foram os finos volumes, lustrosamente encadernados, de novos poetas. Havia também um museu escolar em mau estado (as obras mais valiosas eram desenhos de dois antigos ex-alunos – John Leech e W.M. Thackeray), onde era possível comprar a eventual antiguidade do seu guardião (uma moeda antiga, um fragmento de cerâmica pintada) por alguns *shillings*. Não obstante toda a sua cordialidade habitual, Charterhouse tinha uma cultura dominante. Ela era literário-musical, inteiramente não visual. Ralph Vaughan Williams já era um ex-aluno bastante eminente para que a escola dele se orgulhasse e sua figura corpulenta ocasionalmente assomaria na parte de trás da sala de música (ele morava nas proximidades, em Dorking), onde podíamos ouvir bons grupos profissionais e solistas; eu também tinha a possibilidade de ir a concertos, apesar da minha outra deficiência notória – a incapacidade de cantar com afinação.

Apesar de sua parcimônia visual, a escola também cedia um estúdio espaçoso com boa luz natural e sem sol direto, que se tornou um recanto favorito. Era dirigido pelo sr. Eccott, um professor de arte corpulento e afável (recrutado como "substituto" em tempo de guerra tão logo ali cheguei), apelidado de "damasco" por causa da cor do único terno de *tweed* áspero que ele ostentava. O estúdio também se tornou o cenário do meu primeiro projeto executado: um proscênio para o teatro de fantoches, pelo qual os meninos que frequentavam o estúdio competiam e que eu ganhei, com uma estrutura bastante imaginosa feita de maltose. O mesmo sr. Eccott, sem reclamar, executou esse projeto *kitsch* em tela e cartão, e também assegurou que eu ganhasse o prêmio de arte da escola – alguns livros com gravuras da Phaidon e três volumes de história da arquitetura de má qualidade (escolha minha).

A julgar pelos altos padrões das escolas públicas, o ensino durante a guerra pode não ter sido brilhante, embora eu suspeite que fosse melhor do que a maioria. Muito do que aprendi foi do meu professor George Snow, um clérigo muito alto (eu pensei que minha lembrança fosse subjetiva, relacionando-o ao meu próprio crescimento de adolescente, mas ele de fato tinha quase dois metros de altura), jovial e carismático, que também oficiava na capela (mais tarde bispo de Whitby, verdadeiramente gigantesco com sua mitra, e pai do locutor Jon, cujo próprio livro de memórias apresenta um retrato sóbrio, se bem que afetuoso, dele). Snow ensinava latim e história, esta última de forma muito interessante para tempos de guerra, inclusive nos oferecendo uma explanação keynesiana sobre o Tratado de Versalhes; ele também era um desengonçado e agitado chefe de um grupo de escoteiros (o escotismo era uma das poucas atividades ao ar livre que eu apreciava), e uma vez que éramos a antiga escola do fundador (lorde Baden-Powell), a tropa foi distinguida por um uniforme cinza e lenço azul – em vez do cáqui padrão. Nessas três funções, Snow foi uma figura muito mais importante na minha vida do que o meu benevolente, mas ineficaz, diretor – ou quaisquer outros professores. Ele também me deu um apelido onomatopaico, "brickwork", que não sobreviveu aos meus tempos de escola – e me apresentou à sua própria fria devoção individualista, que parecia não ter nenhuma conexão com nada do que eu havia aprendido sobre religião em casa, e somente uma ligação indireta com a doutrina da Igreja Ampla•, que ele pregava na capela onde os hinos eram entoados[1].

Na verdade, Snow fazia proselitismo para o que agora certamente seria chamado de "culto": o Grupo de Oxford, que se intitulava Rearmamento Moral (sua sigla era MRA), enquanto seus adversários o apelidavam de buchmanismo, por causa do seu politicamente suspeito fundador norte-americano Frank Buchman (que certa vez expressara uma cautelosa aprovação de Hitler). Suas práticas principais eram o "momento de silêncio" (que consistia em escrever pensamentos e resoluções autocríticos e supostamente dados por Deus) e o "compartilhamento" dos pensamentos com os colegas em uma espécie de confissão em grupo ou terapia de grupo. Específico apenas a prática, embora houvesse uma doutrina (de absolutos – como honestidade, pureza etc.) não declarada, associada a instruções estritamente puritanas.

A discussão teológica era banida, se bem que uma postura mais ou menos "evangélica" era admitida. O culto tinha sua sede em um local improvável, Hay's Mews, atrás de Berkeley Square (mais tarde associado a casinos-clubes notoriamente ricos); agora é lembrado principalmente como o progenitor dos Alcoólicos Anônimos. Até parecia que eu poderia combinar suas práticas severamente individualistas com o meu judaísmo, uma ideia que Snow, de pronto (e, suspeito eu, corretamente), descartou, embora mais tarde os líderes do culto incentivassem essa miscigenação.

Na desorientação cultural e espiritual que a morte do meu pai intensificara, o Grupo de Oxford forneceu um indicador de caminhos provisório, ainda que implausível. As atividades do "grupo" ofereciam uma espécie de matriz social ao congênito *outsider* em que eu havia me transformado, também por ser órfão de pai; isso não era por si só aberrante, pois os pais de muitos meninos estavam na guerra, e alguns já haviam sido perdidos – mortos, desaparecidos, prisioneiros. Embora eu fosse particularmente forâneo, havia outras esquisitices contemporâneas, como Homer Shakespear Pound (filho adotivo de Ezra, mais tarde conhecido como Omar), cujo nome altissonante era composto pelo nome do pai de Ezra e pelo sobrenome de sua mãe (Dorothy Shakespear) – uma forma norte-americana consagrada. A tez morena e a identificação com um pai que, naquela época, traiçoeiramente fazia programas de rádio para os italianos, marcou Homer Shakespear Pound (assim como o fato de ele ser mais fraco do que eu) como um *outsider* ainda mais evidente. A sala de arte servia como o mais acolhedor dos refúgios.

O escotismo, por outro lado, demonstrou ser "integrador". Ganhei minhas "medalhas": a insistência da minha mãe (aquelas memórias de Kiev, em 1917) acerca de habilidades domésticas fez com que eu ganhasse a medalha de cozinheiro, enquanto um senso natural de espaço me propiciou a de leitor de mapas. No entanto, o escotismo tampouco durou e foi substituído pelo Corpo de Treinamento de Oficiais, obrigatório no tempo de guerra – que, para a minha grande surpresa e a de meus colegas de escola ("Afastem-se todos, Rykwert está atirando!"), revelou meu único talento esportivo. Acabei me distinguindo como um bom atirador e ganhei outra insígnia – com um pequeno rifle – costurada na manga do uniforme. O único uso que encontrei para aquela habilidade (nunca gostei de atirar em pássaros ou outros animais) foi o de ganhar, de vez em quando, o aquário com o peixinho dourado ou o ursinho de pelúcia nas feiras realizadas nos feriados.

Charterhouse oferecia outro benefício: a cada ano o austero e esquálido diretor (e para nós, rapazes, miticamente erudito) convidaria palestrantes intelectualmente ambiciosos para falar com a elite dos alunos da *sixth form*♦ por um semestre. Eu dificilmente me atreveria a fazer perguntas – o seu ar de austeridade era por demais ameaçador para considerar uma abordagem direta. Minha lembrança mais notável dele é um sermão sobre as Últimas Coisas, que ele pregou na oração vespertina na capela escolar, prevendo a dissolução do cosmos na entropia universal, o espaço preenchido com átomos equidistantes à temperatura do zero absoluto – um futuro de uma frieza tão assustadora que me rendeu algumas noites sem dormir.

Aquela impressão medonha foi transportada para o mundo adulto; muitos anos depois, durante um intervalo na apresentação da *Berenice* de Racine, pela companhia Barrault (uma ocasião bastante respeitável, afinal de contas), quando eu empurrava, pelos ombros, a minha então namorada para o bar, avistei Birley e sua esposa caminhando em nossa direção; minha mão caiu automaticamente para o lado.

Snow, ou o professor de arte (o que é mais provável), deve ter convencido Birley a permitir que eu (mesmo sem fazer parte do círculo dos alunos da *sixth form*) assistisse às palestras semanais do então bastante jovem (ele teria pouco mais de quarenta anos na época) e igualmente desconhecido Rudolf Wittkower, ligado a algo chamado de Instituto Warburg (que viria a dominar o meu pensamento mais tarde, mas sobre o qual eu não nada sabia então). Elas tratavam da "Inglaterra e a Tradição Clássica". A explanação de Wittkower (com suave sotaque) sobre a maneira fascinante em que temas antigos – encarnados em estátuas, pinturas, gravuras, mesmo em edifícios – foram retomados na Itália e depois na França, Alemanha e Grã-Bretanha e, mais além, nas Américas, propiciaram um *insight* de um mundo exuberante de ideias e imagens surpreendentes em um tempo de guerra lúgubre. Em contraste com toda a opulência que exaltava, ele parecia germânico e um tanto sombrio. Quase tão alto como Snow ou Birley, porém mais pesado, ele não parecia gordo ou até mesmo corpulento, mas compacto e solene. Era a paixão mal contida por seu tema, e sua óbvia integridade, que faziam dele um orador fascinante. Logo depois daquelas palestras, veio o exame de conclusão. Para minha surpresa, os resultados foram bons o suficiente para que eu fosse admitido (tempo de guerra) em um curso de graduação na universidade. Eu tinha dezesseis anos em 1942, e se pudesse "espremer" um ano antes do serviço militar, teria direito a uma bolsa de estudos, e eu já estava registrado na Bartlett School of Architecture, evacuada para Cambridge, mas – assim como a Slade School of Art – parte do University College, em Londres.

Arquitetura

Convenci minha mãe de que eu preferia Bartlett porque (em contraposição à escola da Architectural Association, mais em voga, que Lucjan Korngold, nosso arquiteto de Varsóvia, recomendara há tantos anos, e que era decididamente "moderna", bem como mais cara) oferecia uma disciplina "clássica" que (assim eu supunha) iria me iniciar nas verdades eternas da proporção, enquanto me ensinava o domínio do plano-forma. A antiga "tradição" que ela dizia representar parecia me oferecer a iniciação em tais mistérios. Eu não imaginava quão enganosa era essa "tradição", uma versão turva do ensino ministrado na École des Beaux-Arts, em Paris, ela própria uma adaptação, sem nenhuma originalidade, de uma doutrina do início do século XIX criada por um pedagogo do Iluminismo, Jean-Nicolas Louis Durand. Meus instrutores pareciam alheios a tais antecedentes, e tampouco podiam imaginar-se discutindo seus pressupostos com os alunos.

Dos dois professores que distribuía pequenas quantidades dessa doutrina, um era A.E. Richardson (mais tarde *sir* Albert e presidente da Royal Academy), de pernas tortas, complacente e com o seu *cockney* afetado; o outro era seu íntimo amigo e confidente, Hector Corfiato, um grego alexandrino, de grande queixo duplo, grosso cabelo negro sempre coberto com brilhantina, cujo inglês, não caracterizado pelo uso proficiente de expressões idiomáticas, tinha um sotaque franco-grego gutural. Corfiato realmente recebera sua formação na École de Paris e, na falta de professores de línguas durante a guerra, fora persuadido a nos ensinar francês (tínhamos provas de francês e latim no final do primeiro ano).

– Senhorita X – disse ele certa vez a uma das alunas –, queira declinar esse verbo;

Ao perceber nossa risadinha, corrigiu-se:
— Bem, como dizemos em francês, *conjuguez*.

Ambos os professores usavam casacos pretos e calças listradas no estúdio, embora Richardson tivesse a fama de usar roupas do século XVIII e uma peruca em sua casa de campo em Ampthill, Bedfordshire, que também era aquecida inteiramente por lenha e carvão:

— Não estoura os móveis, mas (he, he!) estoura os convidados — Corfiato certa vez confidenciou a alguns de nós.

Dizia-se que Richardson também fizera história nas leis: ele tinha o hábito de ser carregado por dois lacaios de libré em uma liteira, da estação ferroviária até casa. A polícia exigiu que o "posterior" deveria portar uma luz vermelha, mas Richardson (ou seu advogado) demonstrou que o regulamento se aplicava somente a veículos de rodas.

Eu não via charme ou genialidade que se comparasse entre os meus colegas — alguns dos quais se ressentiam de mim considerando-me um intelectual esnobe e suspeito, se bem que isso parecesse me dar algum crédito com os dois professores pitorescos. Segundo rumores que circulavam entre os alunos, Richardson, todas as manhãs em que estivesse em Cambridge, faria um desvio para a "antiga biblioteca" atrás do Senate House, que havia sido projetada pelo grande arquiteto vitoriano Charles Robert Cockerell — a fim de "buscar inspiração para o dia". Eu ignorei a fofoca como parte de uma mitificação estudantil. Mas um dia, voltando para casa da Escola de Arquitetura, depois de ter ficado de vigia de incêndio (havia rodízio entre os alunos para essa tarefa regulamentada em tempo de guerra, pois as pequenas bombas incendiárias, que poderiam cair sem serem detectadas, constituíam um risco alarmante), ao me deter em um quiosque no Market Square para comprar um jornal, meu cotovelo foi agarrado por trás.

– Você vem comigo, meu rapaz, quero lhe mostrar algo – disse Richardson confidencialmente, enquanto me conduzia por uma viela ao longo da Old Library. – Olhe para isso! Detalhe maravilhoso. Olhe para isso, olhe! – ele continuou a dizer por algum tempo, acenando com uma bengala de cabo dourado.

– Venha toda manhã aqui (ele concluiu, dispensando--me), ganhe inspiração para o dia.

Aquela bengala de cabo dourado era a sua arma e, ao caminhar por Cambridge com ela, expunha sua companhia ao risco do ressentimento de um pai de família quando ele abria uma porta ocasional para indicar, através de um gesto, o teto abobadado de algum salão, tendo sido célebre por tê-lo lançado em outra disputa legal, quando um gesto expansivo com sua bengala acidentalmente atingiu um meirinho na Bow Street.

Tudo isso supria os estudantes de fofocas jocosas – embora a excentricidade fosse espalhafatosa demais, artificial demais para ser totalmente afável. Ainda assim, recordo-me de uma habilidade de Richardson com admiração perplexa: um castiçal e uma pilha de quadrados de vidro de 6 x 6 cm, o tamanho padrão dos antigos *slides,* ficavam geralmente sobre sua mesa. Ele preparava seus próprios *slides* para as aulas, sendo observado com admiração pelos discípulos, segurando o quadrado de vidro sobre a vela até que ficasse bem coberto de fuligem e então desenhava "negativamente" sobre ele com uma agulha[2].

Apesar desses entretenimentos, o primeiro ano de estudos de arquitetura acabou por ser uma espécie de rito de iniciação. A parte mais maçante foi aprender a técnica de texturização, que envolvia "camadas finas e graduadas de tinta". Camada sobre camada de tinta, friccionando um bastão de tinta nanquim sobre uma cunha de ardósia (a utilização de tinta envasada era considerada uma trapaça – de todo modo, deixava sedimentos), era aplicada ao papel preso a uma prancheta inclinada, à medida que sua intensidade era gradualmente diluída; a tinta não era deixada para secar durante a aplicação, de modo que um pingo deveria ser mantido na borda inferior, quando era direcionado para baixo na folha, uma vez que a gradação tinha de ser suave; se a tinta secasse, deixaria uma linha marcada.

Uma transição realmente suave só poderia ser alcançada, de qualquer maneira, pela aplicação repetida, tirando o excesso da superfície com uma esponja após cada demão, e isso tinha que ser feito em uma superfície bem esticada, resiliente. Folhas de papel Whatman – então ainda produzido nas suas fábricas em Kent – admiravelmente leitosas, sempre estavam disponíveis na loja da escola, e seriam imersas em água antes de serem apegadas com fita adesiva à prancheta de desenho, de modo a secar com a suave tensão necessária. Todas as matérias, ano após ano, eram rotineiras: a ordem dórica, o capitel dórico, a ordem jônica, o capitel jônico (o desenho das curvas espirais da voluta era realmente diabólico) e, finalmente, a "composição" de elementos antigos. Tudo com sombras graduadas, projetadas em 45 graus.

O segundo ano começou com um exercício no uso de ordens "gigantescas" (o que significa que as colunas erguiam-se por dois ou mais andares de um edifício) aplicadas ao design do ponto central da fachada do jardim de uma mansão rural. Foi nesse estágio que as dúvidas começaram a me corroer. Mansões rurais, com ou sem fachadas de jardim, certamente não eram o que a época demandava, como eu bem sabia. Escritórios do governo local, onde grande parte da reconstrução do pós-guerra seria organizada após a futura vitória (a possibilidade de derrota desafiava abertamente a previsão), teriam pouca demanda para mansões rurais, o que não dizer de ordens gigantescas. Além disso, as lições subjacentes relativas à proporção e à distribuição de planos-forma que tais exercícios deveriam inculcar, pareciam cada vez mais ilusórias, à medida que passei a perceber que os arquitetos formados por esse método doloroso e empolado não eram, necessariamente, tão bons; que alguns daqueles que haviam passado brilhantemente pela mesma escola onde estudei acabaram por se revelarem profissionais rotineiros – ou pior. Mesmo o trabalho dos dois professores começou a me parecer pretensioso.

Ainda assim, dediquei-me com assiduidade à rebocadura arquitetônica no meu segundo ano e fiz experiências com todos os tipos de materiais, tão logo fomos autorizados a dispensar a tinta nanquim; folhas de chá cozinhadas em fervura lenta, cerveja choca, e assim por diante; cada um deles resultaria em uma textura rica e de cor específica. Como um subproduto de todo aquele trabalho, adquiri um dom especial para produzir desenhos topográficos claros e bastante precisos. Eu gostava de trabalhar com nanquim – decaindo aos céus escuros ocasionais tomados do então muito em voga John Piper – e com aquarela. Cambridge era um ótimo lugar para exercitar esse novo talento. Ela tinha, afinal, um dos melhores percursos urbanos de caminhada recreativa na Grã-Bretanha, que eu fazia na maioria dos dias, da Escola de Arquitetura, em Scroope Terrace, ao sul: caminhar na direção norte, passando pelo pórtico um tanto arrogante do Fitzwilliam Museum, entre o bem configurado Peterhouse (com a igreja de Little St. Mary e seu rico rendilhado em anexo) e, defronte a ele, o Pembroke College (com sua capela projetada por Christopher Wren) e, então, a sóbria e neogótica University Press, de arenito, em frente à torre anglo-saxônica de St. Benet, de sílex trabalhado. Tomando fôlego, a caminhada ampliava-se até King's Parade. Próximo da minha própria faculdade, St. Catherine (de tijolos vermelhos), defronta o de outra maneira indistinto e volumoso Corpus Christi, de estilo gótico e, na sua continuação, casas geminadas de estilo georgiano simples, diante do King's College. O ponto de destaque era a forma alta da King's Chapel, com uma velha castanheira exuberante em frente. A perspectiva era fechada pela fachada prateada das "Old Schools" e da Senate House, que James Gibbs construiu nos anos de 1720. Mesmo os edifícios deselegantes, em amarelo pálido, do Caius College atrás do Senate não estragavam a vista, mas fundiam-se em plano de fundo neutro. Essa caminhada era o meu prazer diário. Era igualmente um convite para observar o meu entorno de forma crítica, a usar os meus olhos o tempo todo, que todas aquelas palestras rotineiras de história da arquitetura nunca amorteceram.

A História da Arquitetura (na Antiguidade com Corfiato, gótica e posterior com Richardson) era apresentada (e contava muito na formação em Bartlett) como um relato de "estilos" a-históricos. A maneira como meus amigos falavam sobre ideias, sobre a arte ou mesmo sobre a história, bem como o meu fascinante prazer visual diário, não mais poderiam ser acomodados aos convencionalismos que eu tinha de estudar com afinco para os exames – o que certamente aumentava o meu descontentamento, embora eu estivesse certo de que a memorização de plantas e alturas dos principais monumentos históricos se tornaria um investimento visual de que eu sempre poderia fazer uso mais tarde.

No entanto, mesmo no meu segundo ano, eu ainda era o mais jovem estudante de arquitetura em Cambridge. Eu tinha que fazer alguma coisa para reivindicar uma maturidade – talvez prematura. O primeiro recurso óbvio (e barato) seria uma barba. Infelizmente, a minha era bastante eriçada e áspera. Minhas colegas olhavam de soslaio. Meus colegas ridicularizavam e puxavam. Não foi um sucesso. Tentei, então, um método mais caro – fumar. Minha mãe encarava isso com simpatia – era, afinal, uma emulação do meu pai. Mas eu nunca pude me acostumar com o cheiro (e, acima de tudo, o gosto) do tabaco na minha boca. Apesar disso, após o fracasso da barba, persisti: da Virginia, turco, russo, uma marca chamada Balkan Sobranie – até mesmo cigarrilhas. Porém, por mais que eu tentasse, era tudo a mesma coisa, eu não suportava o sabor. O meu estigma de imaturidade, portanto, teve que ser aturado.

Cambridge

Com todos os seus esplendores visuais, Cambridge parecia-me de fato paradisíaca, depois da labuta gótico-vitoriana maçante da escola. Sem regras, sem monitores. Minha mãe em seguida se mudou de Oxford – pela economia de manter uma única casa, assim como ter seus dois filhos sob o mesmo teto, e meu irmão se mudou do Dragon School, em Oxford, para o análogo Perse, em Cambridge. Conseguimos um apartamento bastante espaçoso em uma modesta casa de tijolos vitoriana, bem distribuída, no topo de Castle Hill, onde eu até decorei meu próprio quarto com uma mesa de desenho, livros e bugigangas. As coerções familiares não foram tão restritivas como eu temia. Meu irmão já tinha até então desenvolvido sua própria rotina escolar e, ao contrário de mim, era bom em jogos, que tomavam muito do seu tempo. Muita coisa estava acontecendo.

As aulas na universidade eram abertas a todos, e eu assisti algumas que nada tinham a ver com arquitetura: as Clark Lectures* de C.S. Lewis eram ansiosamente aguardadas, e foram coordenadas, *ex officio*, pelo diretor do Trinity, o famoso historiador G.M. Trevelyan. Um agnóstico liberal, ele considerava desagradável a panfletagem religiosa de Lewis, de grande vendagem e bastante não acadêmica.

Porém, mesmo antes *Nárnia*, Lewis era muito popular e a sala estava lotada, com pessoas em pé na parte de trás e outras sentadas nos degraus, para ouvir Trevelyan dizer:

– Este ano as palestras serão proferidas pelo senhor Clive Staples Lewis, mestre do Magdalen College, Oxford. Seu tema é a Literatura Inglesa Renascentista. – Ele fez uma pausa. – O senhor Lewis escreveu vários livros, um dos quais me disseram ser bom.

Todos prenderam coletivamente a respiração ao se dar conta da notável ofensa cambridgeana do meu tempo, expressa de forma descuidada – enquanto o aparentemente sereno Lewis deu início à primeira de suas palestras que, mais tarde, se tornou outro de seus "bons" livros.

Mais importantes para mim do que quaisquer palestras eram os concertos à luz de velas na capela do King's College, que Benjamin Britten dirigia e às vezes conduzia, onde ouvi pela primeira vez a *Missa em Si Menor* e a *Paixão Segundo São Mateus*, de Johann Sebastian Bach. Britten conseguiu obter clareza instrumental sobre o que eram – de fato – orquestras e corais de estudantes reunidos ao acaso (embora os solistas fossem, por vezes, brilhantes – Pears, é claro, mas também Kathleen Ferrier), mas o que tornou-os inesquecíveis para mim foi o volume da capela escura de câmaras altas. O blecaute ainda era necessário, é claro; os famosos vitrais das janelas, do século XVI, eram cobertos por tábuas e sacos de areia, as velas tremeluziam em suas donzelas de vidro e resplandeciam nas faces dos artistas e do público. Pouco visíveis, as abóbadas em leque tornaram-se uma presença física melancólica, que eu vivenciava de forma inebriante a medida que o som se elevava para preenchê-las e moldá-las.

Outras portas se abriram: as da luminosa biblioteca do Trinity College, de Wren, cada fileira de estantes de carvalho escuro encimada por um busto imperial romano, como uma classificação visual. Meu guia era o bibliotecário assistente, doutor Reinhold Regensburger, bibliófilo gentil e ex-juiz alemão exilado. Primorosamente educado, bem como um erudito complexo, ágil com o seu *pince-nez* e seu cabelo escovinha grisalho, sempre trajando um guarda-pó de algodão de cor parda, ele havia trazido consigo, da Alemanha, a sua própria e grande biblioteca ao se refugiar, armazenando-a (seus aposentos pessoais estavam abarrotados) no porão do Union Building, que foi o único local em Cambridge em que caiu uma bomba alemã. Ela explodiu o cano de água central, de modo que o tempo de lazer de Regensburger era dedicado a resgatar o que poderia ser recuperado daquela inundação e a cuidar dos seus livros feridos; muito mais tarde, ele aplicou o seu aprendizado em uma colaboração com David Diringer no seu monumental relato do *The Alphabet*.

Regensburger me apresentou ao alto (se bem que ligeiramente curvado), barbudo e imponente – até mesmo um tanto austero – Samuel Krauss, que presidira o Seminário Rabínico de Viena na época da *Anschluss*. A sua obra *Synagogale Altertümer* já era um clássico. Em Cambridge, seu vínculo com a universidade lhe permitia uma aposentadoria digna, mas ele também costumava oferecer um seminário privado para voluntários. Naquele ano, apresentou uma seleção de salmos. Se você não sabia de cor o texto hebraico do salmo relevante, não tinha nenhum sentido participar, embora qualquer ausência sempre fosse notada de forma reprovadora. Isso foi de valor inestimável para mim: Krauss ensinava, por exemplo, que uma leitura atenta do texto era essencial – mas também necessária – para qualquer interpretação. Como estudo adicional, matriculei-me igualmente na aula semanal de *Talmud* na sinagoga de Cambridge, ministrada por um erudito rabínico mais jovem, porém muito menos atraente, e deveras versado. As passagens que ele escolheu para comentar durante aquele ano foram, em sua maioria, extraídas do *Sefer Ha-Iad ha-Hazaká* de Maimônides, sobre o tratado Avadim, que aborda a escravidão: a condição de crianças nascidas de homens livres e mulheres escravas ou de crianças filhas de escravos e mulheres livres, e as variações nas formas de escravidão. Seu ensino era abstrato, legalista; sua espiritualidade totalmente seca diferia, em muito, da religião flexível, racional e cordial da minha família, e estava tão distante de qualquer questionamento meu assim como os exercícios capciosos que tive de levar a cabo durante a minha formação em arquitetura a partir de qualquer um dos meus interesses na construção. Tudo isso contribuía para uma gama elaborada de impressões e de estímulos que eu absorvia avidamente como uma esponja, ao mesmo tempo que admitia como certa a sua variedade e riqueza.

Eu não tinha a sorte, a aparência ou o berço – nem mesmo a audácia – que me qualificassem para a estratosfera glamorosa de Cambridge, mas fiz amigos – por meio da faculdade e de outros eventos universitários. Um deles foi Basil de Winton, o estudioso e cortês capelão do Trinity College (de onde saiu quando se tornou católico romano e foi para a África como um padre da Congregação do Espírito Santo), que conheci por meio de alguns estudantes de graduação de Trinity; ele me introduziu a alguns escritores fora de moda (Logan Pearsall Smith, Frederick Prokosh, Lawrence Durrell – décadas antes do *Quarteto de Alexandria* – e também a Martin Buber, uma influência mais séria, porém vaga – embora a frase "uma relação existencial *Ich-Du* (Eu-Tu)", que ele entoaria petulantemente, mais parecesse, à época, um mantra pretensioso que um convite para a compreensão crítica; isso veio depois, como explicarei.

Reunimos um grupo de estudantes para falar sobre arte e letras, meticulosamente denominado Bernini Society. Eu sugeri o nome se bem que, naquele momento, ainda não tivesse visto nenhum de seus edifícios – ou mesmo esculturas – a não ser em fotografias; encontrávamo-nos quinzenalmente para redação de artigos, discussão e vinho (creio eu que possa ter sido apenas café, mas minha memória dessas ações é um pouco confusa) no quarto de Winton (que fora também o de Isaac Newton). Dois homens altos e magros dominavam o grupo: Sebastian Moore, um monge beneditino esbelto e dinâmico, aluno do guru das letras em inglês, F.R. Leavis, (mais tarde, professor de teologia e psicologia, principalmente nos EUA) e Balachandra Rajan (um esguio e pensativo bengalês que, talvez paradoxalmente, foi o primeiro membro da Trinity a se especializar em literatura inglesa e que se tornou professor bem como diplomata indiano a serviço da ONU). Um "artigo" *osé* (ousado) e arrebatador sobre o altar de Santa Teresa, de Bernini, em Santa Maria della Vittoria, em Roma, e um poema de Richard Crashaw sobre o mesmo tema foram a minha contribuição (se bem me lembro); um desdobramento de um interesse "erudito" pela história da arte, que Wittkower havia despertado na Charterhouse. Ele extrapolou o que a Bartlett fornecia ou mesmo sancionava. Comecei a diversificar a minha leitura profissional – embora escondesse o meu *Por Uma Arquitetura*••, de Le Corbusier, sob a prancheta quando no estúdio.

Um dos meus novos amigos era um estudante na Architectural Association School que fora enviado a Cambridge pelo exército, para um "curso breve" em tempo de guerra – um requisito bastante comum para a formação de oficiais –, e ele tirou vantagem das minhas dúvidas. Outros amigos me levaram para a casa de Henry Morris, o diretor de educação de Cambridgeshire, que morava no Old Mill com vista para um açude no rio Cam (agora parte do Darwin College). Ela era estranhamente clara, com quadros de Mondrian e Ben Nicholson, a estranha figura de Henry Moore, móveis de um pálido compensado de faia de Alvar Aalto e Marcel Breuer, em um entorno revigorante, não afetado, porém ainda idílico, que implicava um modo de vida ao qual eu já aspirava, mas de que meus antiquados professores pareciam alheios.

Comecei a procurar maneiras de ganhar um pouco de dinheiro para complementar a minha mesada minúscula e alimentar o meu incipiente apetite por livros e bugigangas. A pequena e antiga banca de livros do "jovem" senhor David, em Market Place (que fora criada pelo "velho" senhor David, seu pai, nos anos de 1920) tornara-se meu refúgio. Transbordando de livros, ela havia, até então, se transformado em uma livraria e ele precisava de um assistente. A livraria ficava sob o apartamento ocupado por Lydia Lopokova, que fora uma das bailarinas de Diaghilev, e o perfil do seu marido, muito alto, o grande economista John Maynard Keynes (geralmente com um chapéu homburg) podia ser visto através da janela repleta de livros. Não durei, entretanto, muito tempo na David's, porque a companhia de balé Rambert chegou em Cambridge. Levei alguns desenhos para apresentá-los, nos bastidores, à vivaz e peremptória madame Rambert (conhecida então pelo apelido "Mim"), e fui contratado na hora como diretor de cena assistente--*cum*-pintor de cena por um mês. Eu não tinha ideia de que estava lidando com "madame Ritmichiskaya", que fora ridicularizada pelos ressentidos dançarinos de Diaghilev trinta anos antes, quando ele a empregou para ensinar--lhes – o então novo – método rítmico Dalcroze.

Na segunda-feira seguinte àquela entrevista, apareci em Birmingham, no Repertory Theatre – próximo compromisso da Rambert –, e fui levado até as oficinas bem equipadas de cenário, para deparar-me com uma tela surrada e descascada; o pano de fundo para *Façade*, de Frederick Ashton, um balé com música de William Walton e recitação ao megafone de Edith Sitwell, um exemplo admirável da *avant-garde* inglesa. Os cenários originais eram obra de John Armstrong, um dos poucos surrealistas ingleses. Passei o mês seguinte fazendo chamadas ao palco à noite e manuseando desajeitadamente as telas de Armstrong durante o dia, improvisando impudentemente uma prática de pintura de cenário à medida que eu trabalhava – e, para minha surpresa, ganhando um relutante elogio, *Zat boy – he is goot*, de Madame. Embora eu não tenha visto *Façade* até muito depois, a Rambert apresentou esse balé (sem a recitação), bem como outros, ao som de obras musicais fora de moda à época, porém muito importantes (principalmente por meio de discos de gramofone), como a *Sinfonia Clássica* de Prokoviev e, mais surpreendente e inesperado, a *Canção das Crianças Mortas* de Mahler, dançada ao som de uma seleção do ciclo de canções, cantada por um barítono alemão devidamente desolado, acompanhado (naquela oportunidade) por um pianista ao vivo.

Esses fatos triviais da minha vida ocorreram diante da premente e grande turbulência diária de notícias do mundo.

A guerra era presença e ameaça constante, ainda que o seu equilíbrio fosse gradualmente mudado da defesa para o ataque; ao final de janeiro de 1943, os alemães foram derrotados em Stalingrado e, nos meses seguintes, as forças do Eixo foram expulsas do norte da África. No final de janeiro de 1944, o cerco de Leningrado foi levantado. No Pacífico, os aliados também haviam passado para o ataque naquele verão. A ameaça de invasão, sempre presente, finalmente foi afastada. Na Grã-Bretanha, o clima predominante de desafio estava se transformando em um otimismo cauteloso, encoberto pela miséria da austeridade da guerra.

Mas para nós, exilados, o otimismo era tingido de apreensão temerosa do que a abertura da Europa ocupada revelaria sobre aqueles que deixáramos para trás e com os quais havíamos, em vão, tentado entrar em contato através de agências como a Cruz Vermelha. Em casa, cada pista falsa renovaria a tristeza de minha mãe, ainda que ela continuasse a ter esperança com pouca razão de ser. A depressão era uma queixa comum, dificultada para muitos refugiados da minha geração pela carga de culpa autoimposta, culpa por, de alguma forma, ter conseguido escapar. Muitos de nós sentíamos isso como uma aspiração frustrada de assumir parte dos sofrimentos de nossos familiares, dos quais apenas a sorte nos resgatara, embora quase ninguém que encontrei tivesse a coragem ou a imaginação para viver com a dieta de um trabalhador durante a ocupação alemã, como Simone Weil o fez – e ela se condenou à morte por tuberculose.

A certeza de que o monstro soviético não iria liberar qualquer coisa que havia agarrado – o que incluía a Polônia – também estava sempre presente. A ideia de ser mobilizado para o exército polonês, à medida que a paz se aproximava, tornou-se alarmante para mim por dois motivos: havia os rumores inevitáveis de perseguições ocasionais aos judeus e de armas sendo voltadas contra soldados judeus por seus companheiros, mas a noção de ser incorporado às unidades polonesas, que seriam "devolvidas" aos seus novos senhores soviéticos, era igualmente assustadora. Tomei algumas providências de modo a ser convocado para as forças britânicas, porém, nesse período confuso, as minhas sondagens foram atendidas com vagas evasivas. Nas últimas semanas da guerra na Europa solicitamos, por conselho de um advogado, o *status* de refugiados.

Londres –
A Architectural Association

Tudo isso coincidiu com a minha transferência do Bartlett para a Architectural Association, mudança esta que a minha pobre mãe aprovou com o coração pesado: ela entendia meus motivos apenas parcialmente, e se ressentiu da carga extra das taxas um pouco mais altas (assim como da perspectiva de outra mudança). Preocupado, despedi-me dos dois professores: "Não há nenhuma explicação para as preferências das pessoas", foi a lacônica dispensa de Richardson. Corfiato, como era de se esperar, mostrou-se mais indulgente.

Como o Bartlett, a AA havia sido evacuada – mas de forma bem diferente – para Hadley Common, um lugar semirrural encantador, perto de High Barnet. Uma grande área verde com um lago era cercada (em sua maior parte) por casas do século XVIII, uma das quais, a Hadley House (datada de cerca de 1760, com muitos anexos), era a sede da AA. Nosso estúdio ficava em um espaçoso celeiro do dízimo medieval••, de construção em enxaimel, ao lado da igreja paroquial.

Barnet não podia oferecer nem os prazeres e nem a magnificência de Cambridge. Nada de jantares, de concertos no King's Chapel, nenhuma sociedade Bernini – era uma cidade pequena e austera. Mas fiz novos amigos: os estudantes eram mais sofisticados e pitorescos – bem como mais talentosos do que qualquer um dos meus contemporâneos de Bartlett; muitos deles, posteriormente, estariam envolvidos no Festival of Britain, o grande e ruidoso encontro de arquitetura pós-guerra de 1951. Alguns continuaram sendo meus amigos, enquanto jamais tive a oportunidade de encontrar nenhum dos meus contemporâneos de Bartlett.

Encontrei alojamentos suficientemente agradáveis em um aposento – sobre a cavalariça – de uma bela casa de estuque do início do estilo vitoriano, de propriedade de uma senhora idosa (não lá muito senhoria), que aceitava "hóspedes pagantes" e trajava veludo preto e contas de marfim para o jantar. Esse idílio não durou muito. Embora as bombas "zumbidoras" começassem a atingir Londres no verão de 1944 (e aqueles dentre nós, no perigosamente frágil celeiro em Barnet, que sairíamos correndo assim que ouvíssemos o motor ser desligado para esperar o chiado de seu mergulho rápido e a queda estrondosa inevitável), os administradores da AA decidiram levar a escola de volta ao seu lar permanente, a Bedford Square, em Bloomsbury, já se preparando para a afluência do pós-guerra. Londres oferecia prazeres mais variados – apesar das bombas – do que eu provara em Cambridge (Laurence Olivier e Vivien Leigh em *The School for Scandal* [A Escola do Escândalo], Ralph Richardson como *Peer Gynt*) e que a semirrural High Barnet me havia negado. Barnet mesclava imaturos (como eu), feridos e inadequados – incluindo alguns poucos rejeitados pelo exército – o que contribuía para uma atmosfera acolhedora, meio que artística – quase amadora –, ao passo que em Bedford Square esses refinados sobreviventes de Hadley foram logo sobrepujados por soldados desmobilizados (antes mesmo de 7 de maio de 1945, o Dia da Vitória na Europa), em sua maioria ex-oficiais. Eles, como o resto de nós, estavam a fim de trabalhar na reconstrução. Endurecidos pela guerra e mais velhos, estavam preocupados em entrar na "profissão" o mais rápido possível, e um diploma era o caminho óbvio. Poucos se interessavam pelas sutilezas de estilo ou pela teoria. Havia uma boa parcela de oportunistas dispostos a trabalhar arduamente – a perspectiva de reconstrução em grande escala tornava a arquitetura uma profissão padrão para quem quer que buscasse uma carreira através do ensino superior. A situação era desafiadora porque, à semelhança de outras instituições de ensino esvaziadas pela guerra, a AA não estava realmente preparada para assimilar aquela afluência maciça, embora tivesse tentado fazê-lo o mais rápido possível. Isso tornava o lugar abarrotado e tenso.

Para quem quer que fosse ponderado, a carreira era assustadora. Lá pelo final de 1944, as imagens da devastação europeia tornaram-se o nosso cardápio diário. O bombardeio de área, ou bombardeio de saturação, havia sido responsável pelo que acontecera em Hamburgo, Berlim, Dresden após a destruição de Leningrado e Varsóvia, enquanto o bombardeio da Grã-Bretanha deixara arruinadas grandes extensões de Londres, Coventry, Birmingham e Newcastle. Os Países Baixos, mesmo a Itália e a França, todos tinham a sua parte de ruína. Cerca de um terço do parque habitacional europeu foi afetado – e tudo isso sem considerar a Ásia. Muitos de nós não tínhamos dúvida de que as grandes ideias sobre o tecido das cidades e a natureza da habitação, que haviam sido desenvolvidas pelos mestres do Movimento Modernista, principalmente por Le Corbusier e Gropius, mas também por Mies van der Rohe e outros, encontrariam agora aplicação em larga escala, embora ainda não víssemos que algumas dessas ideias poderiam não ser compatíveis umas com as outras ou com as nossas. As realidades dos quarenta anos posteriores amorteceriam parte desse entusiasmo inicial. No entanto, persistia a crença de que os horrores da guerra seriam, em parte, redimidos se nos fosse permitido reconstruir o coração de nossas cidades de uma forma nova e emocionante. Seríamos os construtores de novas casas, novas escolas e hospitais – até mesmo de cidades totalmente novas. Uma sociedade justa (ou pelo menos *mais justa*) não poderia deixar de crescer em um ambiente tão rejuvenescido e "o povo" iria conseguir aquilo de que precisava e desejava. Para se certificar disso, sociólogos na Grã-Bretanha compilaram questionários minuciosos para determinar as preferências populares e o Ministério da Habitação publicou manuais muito detalhados com base nos resultados, que mostravam não só como os tipos de casas poderiam ser organizados, mas até mesmo como os detalhes da vida cotidiana poderiam se encaixar perfeitamente em cada fenda deles. Constatou-se, porém, que as pessoas com as quais eles haviam se preocupado tão meticulosamente tinham ideias próprias, que mesmo os mais elaborados questionários não conseguiram trazer à luz. Ainda assim, a desilusão foi muito gradual.

Havia um forte grupo de estudantes de esquerda na AA antes da guerra. Muitos eram membros do Partido Comunista ou simpatizantes e, em sua maioria, certamente partidários dessa sociologização arquitetônica. Levou tempo para percebermos que quando a sociologia resulta em um projeto, este se torna política, não um edifício. Alguns dos que voltaram da guerra, apenas parcialmente conscientes disso, miravam, além do detalhe prático, para um verdadeiro estilo de *design* social-realista. Na ausência de qualquer *ukaz,* comando, do partido local, três abordagens possíveis estavam sendo tentadas. Os linhas-duras insistiam em um estilo "neogeorgiano" populista que, de qualquer maneira, continuava sendo o estilo principal de alguns escritórios do governo local que remanesceram, enquanto outros queriam um retorno "nativista" linha-dura aos estilos da habitação vitoriana de baixa renda de tijolos policromáticos (com guarnição de ferro fundido) associado a clientes como a Peabody Trust.

Os "modernistas" dentre eles escaparam, sem repreensão do partido, adaptando a abordagem requintada desenvolvida pelas cooperativas suecas do pré-guerra – cores pastel com acabamento branco, sacadas e assim por diante –, enxertada no sociologismo dos pesquisadores da habitação; ela foi rotulada, por seus praticantes, como "o Novo Empirismo". Seus primeiros arautos em Bedford Square foram ex-oficiais de terno e gravata, chegando aos seus trinta anos, um dos quais – na prancheta ao lado da minha –, o taciturno e eficiente Michael Ventris, eu me ressentia bastante, posto que minhas habilidades aprendidas em Bartlett permitiam-me obter um ocasional (se não totalmente honesto) pequeno lucro desenhando perspectivas à mão livre para meus contemporâneos menos habilidosos, enquanto Ventris desenvolveu um kit de desenho engenhoso por meio do qual ele executava rapidamente as perspectivas de estruturas básicas não atrativas, se bem que muito precisas, de qualquer sítio e de seu entorno – e isso me pôs fora do negócio. Passaram-se anos antes que ele recorresse a essa mesma engenhosidade tática para um propósito maior. Ele não é lembrado agora como um arquiteto, mas como o decifrador sagaz da escrita cretense Linear B, que intrigara linguistas e arqueólogos por muitas décadas.

Como arquiteto, ele pertencia ao grupo dos escandinavos adeptos do tom pastel, cujo monumento mais admirável são os blocos de torres em Alton East, a primeira parcela da vasta propriedade Alton em Roehampton, que foram projetados no Departamento dos Arquitetos do London County Council (Conselho do Condado de Londres) (mais tarde G.L.C., Greater London Council), onde trabalhavam muitos dos meus antecessores da AA, embora a maior parte da vasta propriedade tenha sido o trabalho de "modernistas" mais rematados da geração anterior à minha.

A mão do Partido pesava muito mais, e com mais determinação, nas obras construídas para além da Cortina de Ferro. Oferecia modelos de uma modernidade "sociorrealista" – todas as colunas e estátuas tinham pré-fabricação grosseira em grande escala e planejamento brutalmente acadêmico do qual o Karl-Marx-Allee, em Berlim Oriental, tornou-se o ponto alto emblemático. O bulevar era encarado com um desconforto constrangedor, meio que desinteressado, por alguns dos meus contemporâneos politicamente engajados. Isso perdurou uma década, até que Khrushchev forçou uma mudança na linha do partido, pouco antes do XX Congresso em 1956, dando assim início a uma era de construção utilitária despojada na União Soviética, que também absolveu até mesmo os mais doutrinários dos meus contemporâneos, persuadindo-os a retornar ao modernismo arraigado que haviam obedientemente abjurado.

Esse foi também o momento em que a Grã-Bretanha embarcava no ambicioso e (pelo menos em parte) bem--sucedido programa das *New Towns*, para fazer um anel de satélites semi-independentes em torno das grandes cidades, dando assim corpo, se bem que de forma fragmentária, a uma visão de centros produtivos agrupados ao redor de cada metrópole, visão essa proclamada cinquenta anos antes por Ebenezer Howard. As primeiras mãos que passaram a operar as engrenagens da reconstrução foram as das duas gerações antes da minha, como já mencionei. E elas se esforçavam para começar. A necessidade premente de mais e melhores habitações, de escolas e hospitais deu-lhes a sensação de que cumpriam uma demanda social notória, que poderiam finalmente dar substância a todos esses anos de maquinações e planejamento de guerra. Havia um senso de otimismo que a atmosfera voluntariamente imoderada, em que eu escrevo agora (e na qual o capitalismo tardio atolou completamente o processo de construção), torna incompreensível.

Os arquitetos mais dinâmicos trabalhavam com afinco e poucos tinham tempo para o ensino. Fomos deixados à mercê daqueles que não haviam encontrado um lugar no trabalho da reconstrução. Eu ainda era estudante e os professores na AA do pós-guerra nem sempre eram muito mais entusiasmados do que os de Bartlett. O critério a que recorriam ao avaliar ou criticar nossos projetos social e tecnicamente ambiciosos inevitavelmente provocava a impaciência geracional, na qual eu era acompanhado por alguns dos meus amigos. Exigíamos rigor e até mesmo inventamos uma forma de funcionalismo ingênuo para nós mesmos: a beleza (uma palavra que, de todo modo, fugira do uso comum), ou o prazer, de qualquer maneira, seguiria automaticamente a satisfação de um programa de trabalho. O programa que contemplávamos era elementar – sem toda aquela simplicidade aconchegante dos sociologismos dos manuais de habitação. No entanto, essa mesma demanda por rigor nos levou a suspeitar de que a tecnologia e a função pudessem impor uma harmonia dimensional no processo de construção e, portanto, demos de cara, involuntariamente, com o problema da proporção. Tudo isso ao mesmo tempo que Le Corbusier – o arquiteto que mais admirávamos – desenvolvia o seu *Modulor*, uma escala de dimensões preferenciais regulamentadas pela sequência de Fibonacci (que as sujeitava aritmética e geometricamente à "seção de ouro"), embora soubéssemos (mesmo que o nosso "funcionalismo" nos tapasse os olhos) que ele estava usando linhas geométricas de regulação em seus projetos desde os seus dias de estudante. O *Modulor*, contudo, não encontrou aplicação industrial: as dimensões preferenciais que a indústria construtiva europeia desenvolveu estavam sujeitas à geometria de $\sqrt{2}$ que, ironicamente, era a da DIN (Deutsche Industrie Norm), adotada pela indústria alemã logo depois da Primeira Guerra Mundial.

Por conta própria, comecei a me preocupar com outra noção: o aspecto metafórico, narrativo mesmo, da arquitetura. Na época, parecia um interesse peculiar, e eu ainda não havia encontrado uma terminologia para discutir o assunto. Eu pressupunha, no entanto, que embora a arquitetura não pudesse ser interpretada como a linguagem falada ou escrita, certamente era um meio de comunicação, bem como propiciava abrigo. O que ajudou a clarear a minha cabeça foi a descoberta, por acaso, na biblioteca da AA, do *Architecture, Mysticism and Magic*, um pequeno livro de autoria do grande arquiteto-professor William Richard Lethaby; publicado em 1891, quando ele estava com trinta e tantos anos, foi uma tentativa inicial de investigar o que poderia ser uma visão antropológica dos edifícios. Embora ele tenha jogado um balde de água fria nesse entusiasmo precoce ("o livro mais ignorante já escrito") mais tarde na vida, Lethaby jamais renegou a sua intuição inicial.

Naquele tempo, alguns dos meus contemporâneos, ao buscar inspiração fora da tecnologia, apelavam, quase inevitavelmente, à sociologia estritamente empírica e estatisticamente instruída; a antropologia parecia se preocupar com povos irrelevantes, que viviam em lugares distantes, e com suas mentalidades exóticas.
Minhas circunstâncias familiares mudaram nessa época. Sem nada que a mantivesse em Cambridge, minha mãe alugou parte de uma casa perto de Golders Green. Ficava próxima de uma ligação direta, por metrô, a Tottenham Court Road e, portanto, Bedford Square. Mas nossa habitação era mais apertada, a tensão entre Anatole e eu se intensificava à medida que ele tomava cada vez mais o partido da minha mãe nas inevitáveis disputas, enquanto as pranchetas e meus pertences tornaram-se um estorvo e nosso pavio, correspondentemente, mais curto.

SMH

Por ser estritamente profissional, a AA School não estava ligada a nenhuma outra instituição acadêmica e, portanto, podia oferecer pouco de alimento ou variedade intelectual. Uma solução apareceu de pronto. Um colega me levou ao Student Movement House (conhecido pela sigla SMH), em Gower Street, cerca de meia milha de distância ao norte da AA. Duas casas de tijolo geminadas, erguidas às pressas. Havia um café no porão que oferecia sopa, xícaras de chá e sanduíches, e uma sala grande pública no primeiro andar, com móveis muito gastos de couro sintético, as paredes de um tom cinza imemorável, sem quadros ao que eu me lembre. Para ser admitido bastava ser um pós-graduado – ou um estudante – de qualquer instituição acadêmica. Esse entorno insípido acabou por revelar-se um abrigo bastante animado de atividade social, quase exótica.

Um desdobramento do Movimento Cristão Estudantil (Evangélico), ele não era confessional nem missionário, sendo então dirigido por Mary Trevelyan, uma mulher gentil, porém assaz assertiva e dinâmica, de cabelos cortados bem rente, parenta do historiador de Cambridge que mencionei anteriormente e amiga de T.S. Eliot, a quem ela ocasionalmente persuadiria a fazer uma leitura de poesia. Tendo decidido tomar conta de mim, ela me incentivou a sair de casa, onde as tensões com minha mãe nos deixavam nervosos e infelizes. Ela também me apresentou a uma figura desajeitada, de aparência respeitável, mas pouco atraente – o gorducho, bigodudo, de óculos, trajando uma gabardine longa à prova d'água e sempre carregando uma maleta surrada: o doutor (sempre doutor) Elias Canetti que, obviamente, ela considerava um mentor adequado.

Percebo logo como as palavras "gorducho" e "bigodudo", que utilizei para resumir a minha primeira impressão, são completamente capciosas. Mesmo que troncudo, seus músculos eram feixes de energia (à semelhança do Balzac de Rodin) e o bigode, uma cerda de tentáculos alarmantes, enquanto a juba era tão espessa que quando ele frequentemente passava a mão direita nela era como que uma emanação leonina. Havia também o seu inglês: sua aparência, seu vestuário, seu jeito, tudo o marcava como sendo ainda mais forasteiro do que eu. Ainda que o seu inglês fosse flexível, usando proficientemente expressões idiomáticas, uma nota estrangeira indefinível soava mais em sua articulação do que no sotaque. O poder que ele exalava e exercia sobre mim foi testemunhado por muitos outros – e poder era o seu principal recurso. A habilidade manipuladora com que ele o utilizava reverberava o de sua amiga Mary Trevelyan. Eu tinha uma sensação obscura de ser um objeto nas mãos deles.

Ele não tinha tempo para conversa fiada. Suas primeiras perguntas foram brutalmente diretas.

– Você quer ser um arquiteto. Para quê? Por que isso interessa você?

Arquitetura como comunicação. O edifício como um símbolo (Lethaby viria a calhar). Canetti podia ver isso. Havia eu lido qualquer antropologia? Frazer, sim; mas eu estava incomodado com a sua noção de magia como uma protorreligião.

– Muito bem. – Havia eu lido Van Gennep? E Mauss? E, acima de tudo, Durkheim?

Não. Então, eu deveria fazê-lo imediatamente.

O que realmente me pegou de surpresa em nossos primeiros encontros não foi tanto a urgência bibliográfica, mas a sensação de que aquele homem sério, astuto e monstruosamente culto estava levando a sério as minhas insípidas ideias dos dezoito anos de idade. Essa estranha humildade dele, a capacidade de prestar atenção em (e assim encantar) qualquer pessoa, era quase perversa em alguém totalmente obcecado com sua própria fama – ou melhor, com a falta dela – no clima intelectual forâneo inglês e condescendente da época. Inevitavelmente, conversávamos sobre outros escritores: quando eu, uma vez, me arrisquei a mencionar minha admiração por Brecht, ele opinou que Brecht era o melhor poeta, ao passo que ele, Canetti, era um dramaturgo melhor...

Nos anos que se seguiriam, eu iria discutir minhas ideias sobre arquitetura com ele de uma forma que mesmo os meus amigos mais próximos na AA não admitiriam, e eles se debatiam em encontros individualizados. Ele me levaria para jantar no Schmidt's, um restaurante alemão barato, mas decente, em Charlotte Street, onde iria me alimentar e me interrogar. Naquele momento, eu não sabia que isso era um sacrifício para ele – posto que o dinheiro fosse curto e ele vivesse de doações. Tampouco percebi, até que nossas conversas começaram a ficar mais complexas, que o meu interesse, parcialmente configurado pelo símbolo, era um afluente tributário da sua preocupação muito maior com o simbolismo presente nos encontros humanos (multidões, bandos, turbas, exércitos –, mas também os mais restritos, como júris e parlamentos) e da dinâmica dos símbolos de grupo. Ele então trabalhava em *Massa e Poder*, publicado em 1960, em alemão; uma tradução inglesa saiu em 1962. Canetti considerava o livro como sua obra-prima. Ainda que recebesse pouca atenção na época, foi reeditado como um Penguin Twentieth Century Classic em 1992.

Consegui obter o seu único romance publicado, *Die Blendung* (*Auto da Fé*, em inglês – tradução do célebre historiador C.V. Wedgwood, com quem ele não foi muito gentil em seu próprio livro de memórias), e fui dominado pelo relato acerca de Peter Kien, um culto sinófilo, seduzido pela melíflua veneração de sua governanta por seus livros a se casar com ela – e a destruição de sua vida, que resultou no suicídio, ao se queimar na pira de sua biblioteca. Recomendei o livro certa vez a uma jovem (pensando que estávamos fora do campo de audição de Canetti), mas ele me ouviu e me repreendeu em particular: eu não deveria recomendar o livro para boas meninas. Ele o havia escrito, assim me disse, para punir seus leitores.

Ocasionalmente ele me instruiria a agendar um encontro por telefone. A ligação seguiria uma rotina invariável.

– Sim!

Uma voz feminina irritada atenderia.

– Posso falar com o doutor Canetti?
– Quem é?
Outro ruído estridente.
– Joseph Rykwert.
Ao ouvir um nome familiar, sua voz se abrandaria.
– Ah, sim, senhor Rykwert. Se o senhor telefonar amanhã, às nove horas e trinta e sete minutos, talvez o doutor Canetti esteja em casa.

Agora que as estranhas formas da vida doméstica de Canetti à época tornaram-se de domínio público – por meio de uma biografia e do próprio livro de memórias, nem sempre honrosas, de Canetti – a senhora Canetti, Venetiana Tauber-Calderon (conhecida como Veza), também se tornou conhecida. Ela publicou alguns livros sob pseudônimos, bem como a tradução de *O Poder e a Glória*, de Graham Greene, e agora é tida como uma escritora importante, que sacrificou o seu próprio trabalho para ajudar na conclusão de *Massa e Poder* (que ela considerava uma obra-prima, não apenas de Elias, mas absoluta), de modo que a raiva e o ressentimento da intrusão tornaram-se compreensíveis. Eu não soube, até mais tarde, que havia outra família Canetti, com a pintora expressionista Marie-Louise von Motesiczky (aluna de Max Beckman). Eu era então um rapaz relativamente inocente de dezoito ou dezenove anos de idade, e a resposta feroz além da insistência no minuto preciso da minha chamada pareciam ser apenas outro tipo de rito de iniciação.

Nessa mesma época conheci outro bom amigo de Canetti, o diminuto antropólogo oxfordiano Franz Baermann Steiner, que trabalhou no Oxford Institute of Anthropology, onde ensinou toda uma geração de estudantes ingleses. Ele era um poeta prolífico (e o maior poeta alemão desde Walter von der Vogelweide, disse-me Canetti certa vez, com firmeza); no entanto, praticamente nada seu foi publicado em vida[3]. Em 1952, quando ele corrigia a prova de uma coleção de seus poemas, foi informado de que a editora falira e que a coleção de tipos seria distribuída; ele teve um ataque cardíaco no dia seguinte.

Por seu intermédio também encontrei seus senhorios ingleses (ele tinha ainda um *pied-à-terre*, um apartamento em Hampstead que ocupou até sua morte, em 1952), a grande e loira (mas frustrada por um quadril deslocado) Eithne Wilkins (que muito mais tarde – em 1969 – publicaria um livro estranho e encantador sobre um rosário, *The Rose-Garden Game* [O Jogo do Rosário]) e o atarracado Ernst Kaiser, de cabelos encaracolados, ambos então engajados no empreendimento heroico de traduzir *Mann ohne Eigenschaften* (O Homem Sem Qualidades), de Robert Musil, e que também se tornaram meus amigos. Foram os Kaisers quem me fizeram perceber que a forma com que Veza Canetti me tratava "não era pessoal". Eles obtiveram, por acaso, um livro que Canetti desejava (*Das Tausendjährige Reich* [O Reino Milenar], da autoria de Wilhelm Franger, mais tarde traduzido como *The Millennial Kingdom*), uma interpretação "gnóstica" de Hieronymus Bosch. Veza lhes telefonou. Sim, é claro que emprestariam o livro.

– Por que você não vem amanhã, por volta das onze, farei café e lhe darei o livro –, disse gentilmente Eithne.

– Eu não quero o seu café, quero o livro!

Quando escrevo que Canetti "desejava" um livro, eu talvez esteja apresentando os fatos de forma atenuada. Ele transmitia a sensação de que livros seletos eram inexoravelmente seus – de forma mágica. Alguns anos depois, ele entrou na sala em que eu trabalhava e viu sobre a minha mesa dois livros que eu encontrara em uma banca no dia anterior. Um deles era uma coleção de contos folclóricos, indianos creio eu, chamada *Tales My Amah Told Me* [Contos Que Minha Amah me Contou]; o outro era uma tradução literal – um plágio? – dos escritos do imperador Juliano. A vontade de ter esses livros exalava dele como um desejo flagrante e viscoso que parecia tão palpável, envolvente e ameaçador como tentáculos de ectoplasma que emanam de algum médium vitoriano. Os livros já não eram meus. Eu os entreguei a ele.

Franz Steiner era bem diferente. Canetti o descreve fisicamente em suas memórias como sendo muito feio – mas eu não me recordo dele dessa maneira. Ele era deveras gentil, retraído demais para ser algo tão importuno como "feio".

Ele e Canetti usariam o Student Movement House como sua sala de recepção particular – não como um clube – e podiam ser vistos ali, de vez em quando, em meio a uma intensa conversa, que era como uma simbiose à qual outros, às vezes, seriam puxados. As maletas podiam ser abertas para mostrar algum livro que um ou outro acabara de encontrar, ou que estava lendo, geralmente alguma coleção de lendas ou mitos. A devoção apaixonada pela multiformidade e riqueza inexaurível dos mitos os unia. Para mim, nessas ocasiões, eles formavam quase uma única pessoa, embora eu mantivesse conversas mais íntimas com Steiner em outros momentos, quando ele falaria sobre a garota junoesca (termo seu) que ele amava em Oxford (chamada Iris Murdoch, como descobri mais tarde). No entanto, foi Canetti, o *enchanter*, quem dominou a minha vida, como o fez com várias outras pessoas.

Apesar de toda a benevolência e reiterada gentileza de Canetti, uma nuvem pairava sobre nossa relação – sua raiva desgastante e mal contida do mundo, do seu lugar nele, da falta de reconhecimento. Mas, acima de tudo, da sempre presente presciência de sua morte. "Eu odeio a morte", ele comentou comigo uma vez, com um estremecimento, mas com familiaridade, como se estivesse dizendo: "Eu não suporto essa mulher".

Embora tivesse a sorte de escapar dos seus golpes, eu fora a causa inocente da erupção de sua ira. Em uma festa em Hampstead, estando ele esconso em uma poltrona, aconteceu de eu ter uma leve altercação, em outra parte da grande sala, com o escultor William Turnbull (a quem ele considerava como seu protegido)[4], o qual retrucara um comentário meu com:

– Não fale como um intelectual da Europa Central, Joseph!

Sua observação causou um momento de silêncio, como às vezes pode ocorrer em uma sala lotada. Canetti ouviu. Ele agarrou os braços da poltrona e falou com intensa fúria:

– O que você disse? O que você disse? Como se atreve a usar essa expressão na minha presença!

O escultor e eu entramos em pânico e tentamos, assim como os demais convidados, acalmá-lo.

– Só estávamos brincando, era apenas uma observação casual...

Mas ele só repetiria, com fúria crescente, como se proferisse uma maldição:

– Como se atreve! Como se atreve! Como se atreve!

Até que o infeliz Turnbull não teve alternativa a não ser dizer:

– Acho que é melhor eu ir.

Ao que Canetti respondeu:

– Sim. É melhor você ir. E é melhor você não voltar![5]

Depois disso a sala se esvaziou de forma gradual, quase furtiva. O crítico incisivo e poliglota John Bayley (marido e memorialista de Iris Murdoch) o denominou corretamente de "o deus-monstro de Hampstead".

O lenitivo essencial para as inquirições de Canetti foi propiciado por outra figura que entrou na minha vida então, Franz Elkisch, um psicanalista que recusara o rótulo de uma escola, embora eu suponha que ele fosse essencialmente junguiano. Eu me lembro dele dizendo sobre um sonho meu:

– Você pode perceber como um freudiano encararia isso, mas, talvez, haja outra maneira...

Seu inglês tinha mais sotaque que o de Canetti, porém igualmente fluente, como seu método exigia. Certa vez, contei um sonho intrigante, mas vívido (ainda vívido, sessenta anos mais tarde), sobre homenzinhos escuros trajando batas brancas (indianos), que se movimentavam energicamente ao redor de mim, ferido em um porão de lavanderia. Tirando um pedaço de metal enferrujado das minhas costas, eles limparam o ferimento com mercurocromo escarlate (um antisséptico fortemente matizado, muito popular nos países latinos). Quanto à minha ansiedade sobre uma possível septicemia, eles me asseguraram que não havia tal perigo. Elkisch achou engraçado e eu fiquei um tanto irritado.

– Mas você não percebe o que eles estavam fazendo?, perguntou ele.

– Estavam tirando um chip do seu ombro...

Certamente esse não é o tom em que um analista deveria falar com um paciente. E se eu comecei como paciente, nossa relação mudou depois de dois ou três anos, quando ele disse que eu conseguiria me virar por conta própria (o que também estava longe de ser um papo analítico ortodoxo); mas se eu estivesse interessado, poderíamos continuar a nos encontrar. Eu, na verdade, estava muito interessado. Por isso, continuamos a falar sobre questões analíticas e psicológicas intermitentemente, até sua morte por volta de 1975; desconfio que a minha vida e carreira posteriores tenham uma dívida incalculável para com essas conversas. Se Elkisch não tivesse feito com que eu voltasse a ter alguma aparência de sociabilidade humana depois, não creio que eu conseguiria lidar com a agitação, com a violência de uma das sessões inquisitoriais de Canetti, embora seu desprezo pela psicanálise e por seus praticantes fosse tal (creio que foi dele que ouvi pela primeira vez a descrição de Karl Krauss de que ela é a doença da qual finge ser a cura) que jamais mencionei Elkisch para Canetti, ainda que eu pudesse falar livremente com Elkisch sobre Canetti.

Conheci outros amigos, mais ou menos coetâneos, através do SMH: James Thomson, o calvo e alegre especialista em lógica (mais tarde professor de Filosofia no MIT, falecido em 1984), foi quem primeiro me apresentou a Charles Sanders Pierce e à possibilidade de uma semiótica não verbal; o filósofo aristotélico Alasdair Macintyre, cuja vida tocaria a minha em muitos pontos posteriores (nós dois lecionamos na Universidade de Essex, no fim da década de 1960); o sinólogo escocês secamente irônico Angus (A. S.) Graham (um ardoroso empsoniano, em quem Canetti reconhecera uma semelhança com Peter Kien, seu herói autoimolado, ele agora é considerado o tradutor exemplar da poesia T'ang); assim como o poeta Andreas Rasp, filho do ator Fritz (agora lembrado como senhor Peachum no filme de Brecht-Weil, *A Ópera dos Três Vinténs*), embora a essa altura Andreas estivesse associado ao hermético escritor alemão Stefan Georg Kreis (e, portanto, se afastasse de Canetti e de Steiner – apesar de seu próprio interesse na pré-história e no mito). No futuro, ele se tornaria mais conhecido por seu pseudônimo literário, Baumgärtner. Havia outros moradores, como um revolucionário russo aposentado, que se descreveu certa vez como um "cristão condenado", bem como o poeta polonês Jerzy Pietrkiewicz, cuja fama (fora da Polônia) agora repousa em suas traduções de poemas do papa João Paulo II, mas cujos livros de suspense, vivos e picarescos, escritos em um inglês impecável, tiveram considerável sucesso de crítica na época. Era um elenco grande e animado.

Garotas

O SMH era misto. Embora eu nunca tivesse criado quaisquer vínculos emocionais com meus contemporâneos de Bedford Square, compensei o tempo perdido em Gower Street. O local era frequentado por senhoras de meia-idade, de aparência respeitável, que procuravam homens famintos mais jovens. Havia, contudo, também jovens casadouras. Minha primeira atração foi por uma jovem indiana que se via como uma "acompanhante" de intelectuais e andava com algumas das pessoas que acabei de mencionar.

Por intermédio dos meus amigos de Cambridge, conheci uma celebridade menos literária. Ele havia se ordenado (era da Alta Igreja) e tinha interesses no oculto (uma vez leu a minha sorte em cartas de tarô – um procedimento que achei ameaçador e aterrorizante), porém parecia muito interessado nas minhas ideias. Minha nova amiga ficou impressionada com essa minha relação com tal celebridade literária. Ele era de renome consagrado demais para o pobre SMH estudantil, e quando seu nome foi mencionado em uma conversa, ela pediu para conhecê-lo. Depois de um rápido jantar, ele e eu tomamos um táxi para encontrá-la – e durante a breve viagem ele confessou seu amor por mim. Fiquei muito abalado. Ele era casado com uma mulher encantadora e inteligente e eu o considerava uma presença avuncular, benevolentemente intelectual, na minha vida. Enquanto ele esperava no táxi, puxei minha amiga indiana para uma sala vazia, disse-lhe que a pessoa que ela queria conhecer estava esperando do lado de fora, e acrescentei rapidamente que ele estava apaixonado por mim, mas que eu estava apaixonado por ela. Não havia tempo para explicações. Eu a coloquei no táxi e fomos os três para um pub em Fitzrovia. Ainda que o momento fora preocupante, eu levara vantagem, mesmo que por pouco tempo.

Apesar de um começo tão emocionante, o relacionamento se manteve quente por curto período, porém não prosperou; muitos anos depois, quando a encontrei de novo em Paris, ela era uma funcionária de pouca importância da Unesco, casada com um oficial naval francês aposentado, que ficou perturbado pelo que ele considerava serem os meus gostos literários bizarros. Meu desejo pela jovem indiana (que era inteligente, afiada, impressionante mesmo, mas, devo acrescentar com honestidade – ainda que não de forma galante –, não era nenhuma beldade) foi reavivado por outras descobertas na época. Uma grande exposição indiana estava prestes a abrir em Burlington House, e isso estimulou as autoridades do museu, que tratavam seus grandes depósitos de escultura indiana (que vários nababos vitorianos haviam trazido) como espécimes etnográficos, a reavaliá-los como obras de arte e dar-lhes ambientação muito diferente em galerias e museus. Ao mesmo tempo, dois famosos (ainda que muito diferentes) dançarinos indianos trouxeram suas trupes para Londres: Ram Gopal, que entrou de pronto na moda, e o velho e mais "clássico" Uday Shankar.

Tudo isso recebeu um novo contexto com um escritor que descobri naquela época: Ananda Coomaraswamy.

Um anglo-ceilonês, algumas de suas muitas publicações continham a intrigante informação de que ele não tinha direitos autorais reservados e, por isso, poderia ser citado livremente. Sua editora então era a livraria "oriental" Luzac, em frente ao Museu Britânico (e, portanto, bem na esquina da AA), onde você podia comprá-las por alguns *shillings* assim como poderia, por algumas libras, comprar uma encantadora miniatura Mughal.

Eu chegara a Coomaraswamy através do mais acessível Eric Gill: escultor, cortador de tipos, tipógrafo (eu o admirava em todas essas funções) e, de certa forma, um escritor arguto em sua própria mescla de neotomismo e de um desafio de artes e ofícios da modernidade, mas também autor de engenhosos desenhos e gravuras quase pornográficos (de certo mau gosto para mim). O que Gill e Coomaraswamy tinham em comum era uma abordagem racional, não estética, da feitura da arte. Era uma abordagem que eu mesmo buscava.

Qualquer crença na promessa de uma escola neorromântica britânica nativa (da convicção de Piper e Sutherland) havia sido muito oprimida pela violenta investida parisiense, tão logo a guerra terminou na Europa; admiti esse fato com um sentimento de deslealdade para com o meu país de adoção. No entanto, foi o desconcertante Gill quem também me ensinou a venerar o etos das artes e ofícios e dos seus heróis, Ruskin e Morris. Passei a admirá-los cada vez mais à medida que os conhecia melhor e eles me propiciaram um vínculo bastante diferente com o meu contexto britânico, com o qual eu poderia instintiva e duradouramente aquiescer. Eu era capaz de sentir vagamente o envolvimento de Coomaraswamy (ele falecera em 1947, tendo passado a última parte de sua vida em Boston) com ambos, o etos e o movimento, embora parecesse implícito em tudo o que ele escrevera; suas ideias e predileção também foram outro elo para a minha veneração por Lethaby, a quem Gill também admirava. Somente mais tarde eu viria a saber do envolvimento intimamente sentimental, bem como artístico e intelectual, de Coomaraswamy com seus associados das artes e ofícios[6].

Minhas suscetibilidades indianas tornaram-se menos pessoais devido a um novo relacionamento com uma vivaz jovem irlandesa, cujos tornozelos bastante grossos (não, não estou sendo deselegante agora – eles eram mesmo assim, bem torneados) tinham uma aura cultural bem diferente: ela me fazia pensar nas plácidas Vênus de Maillol. Infelizmente, ela nada tinha de plácida e essa relação também chegou ao fim.

Essa foi uma época, a dos meus vinte anos, em que, geralmente, eu era *mal-aimé*; em parte, pelo menos – ou assim me parecia –, porque minha aparência estava longe de ser "clássica" ("não que você não tenha uma boa cara, mas tem muito dela", disse-me uma garota pela qual eu estive cegamente apaixonado por um curto período de tempo à época – e eu nunca soube como tomar isso). As jovens de quem eu gostava, e que pareciam atraídas pela minha curiosidade e ímpeto, eram igualmente repelidas pela minha inquietação desprovida de vitalidade e, de modo mais grosseiro, por minha parca existência e por minhas duvidosas perspectivas de carreira.

Arquitetura Novamente

A vitória tão esperada finalmente chegou. O Dia da Vitória na Europa (7 de maio de 1945) provocou um júbilo frenético – procissões, os membros da família real no balcão do Palácio de Buckingham, desfiles (em que até mesmo os alunos da AA tiveram uma pequena celebração – nós, ridiculamente, fizemos uma procissão com o busto de gesso de Christopher Wren em torno da Bedford Square). Seguiu-se a primeira salva da grande ofensiva cultural parisiense que mencionei: a exposição Picasso-Matisse no Victoria and Albert Museum, em novembro de 1945, que deve ter sido arduamente organizada com a chegada dos Aliados em Paris. Quanto à arquitetura, após o flerte com o empirismo escandinavo, alguns membros da minha geração logo se tornaram conscientes do que estava acontecendo na Europa – não só na França como também na Itália, de que havia uma clareza e uma energia que pareciam bastante chocantes quando vistas de Londres.

No hiato imediatamente após o Dia da Vitória, outro episódio sugeriu possibilidades inesperadas: Alfred Green, um pintor ora negligenciado, inaugurou o Anglo-French Art Centre em um grande estúdio na Acacia Road, em St. John's Wood. Embora só tivesse durado dois anos, de 1946 a 1948, o centro se tornou uma notável escola de arte particular, na qual Fernand Léger esteve brevemente, como um implausível professor de desenho. Fiquei intimidado com o rude e brusco mestre – mas ele era indulgente com jovens pintores menos talentosos e tinha prazer em acolher um estudante de arquitetura. Mesmo assim, eu não frequentava assiduamente o estúdio, apesar de ter visto alguns quadros extraordinários que Green exibia aleatoriamente, incluindo o violento e avassalador *Três Estudos Para Figuras ao Pé de uma Crucificação*, em um plano de fundo vermelho-alaranjado, do então pouco conhecido Francis Bacon. Fui também a algumas das pouco frequentadas palestras, ministradas por improváveis luminares – notáveis parisienses (pouco conhecidos em Londres) como o Abade Morel, um clérigo que também era crítico de arte e que apresentou, àqueles que desejassem ouvir, a nova geração de pintores da Escola de Paris: Tal Coat, Soulages, Bazaine, Ménassier (em breve relegados ao quase esquecimento pelos de Nova York), ou o poeta, crítico e herói da resistência Jean Cassou e, mais surpreendentemente, Tristan Tzara, mítica (para mim) figura-chave do dadaísmo em Zurique – um homem pequeno, elegante e sóbrio, trajando um terno azul escuro, que fez um relato mais comedido de si mesmo.

A palestra de Tzara fora dirigida pela diminuta Dorothy Todd, de cabelos bem aparados; fiquei sabendo, mais tarde, que ela havia sido editora da Vogue, de 1922 a 1926 (porém fora demitida por causa do seu envolvimento excessivo com a *avant-garde*). Ela, por sua vez, me reapresentou ao editor Dennis Dobson (que eu já havia conhecido de passagem em Cambridge, onde ele fora um membro do coro no King's College – seus interesses artísticos eram principalmente musicais), para quem ela fez traduções do francês. No escritório de Dobson também conheci o cortês Johnny Hartfield (Herzfelde), cujas violentas e satíricas montagens antinazistas haviam sido famosas nos anos de 1930, se bem que, naquele tempo, tímido e pobre, ele vivia em uma escura quitinete a certa distância de Haverstock Hill e ganhava alguns centavos fazendo capas de livro insípidas, desleixadas mesmo, para Dobson. À semelhança de outros luminares da *avant-garde* dos anos de 1930, ele ganhava a vida com dificuldade, numa existência apertada, na relativa segurança da Hampstead do tempo de guerra.

O Anglo-French Art Centre, por sua vez, editava catálogos que pareciam únicos (em Londres) por sua elegância gráfica. Eles foram as primeiras coisas que vi feitas por Anthony Frøshaug que, dois ou três anos mais tarde, iria imprimir – e publicar – o meu primeiro livro (de poemas), *The Golden*

House (A Casa Dourada), em 1952. Infelizmente, ele era totalmente não confiável: depois de receber dele as primeiras folhas impressas, eu não conseguia mais nenhuma e, em desespero, ia até a sua casa de campo na Cornualha, onde eu mesmo compunha parte do texto, enquanto ele passava a maior parte da manhã e da tarde num langor induzido pela cerveja.

Ele me deu um *insight* sobre uma modernidade inusualmente dura e heroica – um elo para os (então remotos e míticos) feitos dos anos de 1920 em que a nova arte havia sido forjada, porém uma visão que também olhava para trás – contornando a massa de precedentes e justificações mais convencionais – para alcançar essas conquistas primordiais que me impressionavam muito mais do que a Canetti, cujo ambiente visual era condicionado pela ligação entre Montesitzky e Beckman, bem como por sua própria devoção, ao longo da vida, a Fritz Wotruba, escultor austríaco abstrato-expressionista. Para mim, o mundo gráfico muito diferente de Herbert Bayer e de Max Bill possuía uma qualidade penetrante e uma elegância tenaz que pareciam quase inebriantes. Sua profunda atenção às formas das letras e sua configuração me ensinou algo sobre a construção para a qual uma formação em arquitetura não me preparara de todo; e estabeleceu um vínculo entre a minha preocupação com as palavras e a minha visualidade.

O pintor-designer Edward Wright foi talvez o meu melhor naqueles tempos. No primeiro encontro com ele (no mesmo Anglo-French Art Centre) fui imediatamente atraído pela intrigante e pequena figura morena, cuja graça felina se devia a suas origens latino-americanas, embora o seu inglês fosse completamente nativo, sem nenhum sotaque. Inteirei-me mais tarde sobre o fato de que seu pai fora um diplomata equatoriano em Londres (sua mãe era chilena), e Edward era londrino de nascimento. Tendo "retornado" ao Equador após a morte do pai, no início da guerra, ele achou o país lúgubre e hostil. Quando sua mãe morreu, voltou à Grã-Bretanha oferecendo-se como voluntário para o serviço de guerra – apenas para ser rejeitado quando sua epilepsia foi descoberta tão logo chegou.

O que primeiro nos uniu foi uma admiração pelos poetas franceses das gerações anteriores: Guillaume Apollinaire e Max Jacob em particular, pelo seu espírito de fantasia alegre e carnavalesca, seu intenso prazer pelo mundo sensorial e seu envolvimento íntimo com todas as questões visuais. As pinturas de Edward – que ele considerava sua atividade principal – eram igualmente inspiradoras para mim: ele era um artífice meticuloso e, ainda que jamais alcançasse a celebridade, era respeitado e admirado por outros artistas, muito mais famosos, que gravitavam ao redor de sua oficina: Lucien Freud, Eduardo Paolozzi, Richard Hamilton.

O crítico de arte David Sylvester, de queixo comprido, permanentemente mal barbeado e quase hidrocefálico, era amigo e protetor de Edward e também ligado ao Anglo--French Art Centre. Eu não iria, não poderia compartilhar sua paixão dupla, porém exclusiva, por Francis Bacon e Alberto Giacometti, já que o meu próprio gosto era muito difuso e variegado; David, no entanto, sempre se prevalecia da minha deferência à sua devoção. Um ou dois anos depois do nosso primeiro encontro no Anglo-French Art Centre, eu caminhava pela Cromwell Road, perto de South Kensington, quando uma janela de guilhotina se abriu e fui detido pela avultante cabeça de David.

– Joseph (ele me disse pomposamente).

– Escrevi um artigo muito importante sobre Francis Bacon.

– Ah, sim (retruquei, tentando parecer interessado, porém ocupado).

– Você deve lê-lo.
– Ouso dizer que farei isso, tão logo ele for publicado.
– Não. Você deve lê-lo agora!
– Muito bem. Vou entrar e lê-lo (eu estava resignado).
– Não. Melhor ainda. Eu o lerei para você.

Por cerca de uma desconfortável meia hora, ou mais, fiquei na calçada, como centro de atração de transeuntes confusos, enquanto a voz solene e ressoante (se bem que melodiosa) recitava os louvores rituais. O que ele disse em seguida tornou-se confuso com seus muitos peãs posteriores ao seu herói.

Olhar esse incidente em retrospecto, a partir do atropelo do século XXI, me faz lembrar vividamente de que estávamos todos envolvidos, de forma háptica, com o debate intelectual, e de como o lidar gestual, corporal – mesmo visceral – com ideias parecia ser: como se o fim da guerra tivesse levantado uma tampa de um enxame fervilhante de ideias que as inibições durante a guerra haviam mantido sob controle. Será que isso assim me parecia pelo simples fato de atingir a maturidade na época? Não, creio que a excitação intelectual ao meu redor era real – tive apenas a sorte de isso ter acontecido de modo a corresponder ao meu próprio despertar.

No Mundo

Eu ainda tinha que vencer os obstáculos profissionais habituais: em primeiro lugar, meu ano de treinamento prático fora da AA, que se esperava que todos os alunos cumprissem.

Cheio de esperança, levei meu portfólio a Ernö Goldfinger, o arquiteto londrino que eu mais admirava. Um húngaro magro e mulherengo (que trabalhara em Paris antes de se mudar para Londres) olhou meus desenhos e me ofereceu trinta *shillings* (£1,10) por semana. Frank Lloyd Wright cobrava honorários de seus aprendizes, Le Corbusier esperava que seus auxiliares trabalhassem de graça e suponho que Goldfinger deva ter se colocado no meio desse espectro. Ainda assim, mesmo que as refeições "controladas" custassem cinco *shillings*, aquele salário semanal pagaria por seis refeições – e nada mais. Arrumei meu portfólio e o levei para Maxwell Fry (que havia projetado a Sun House em Frognal, que eu admirara quando escolar) e sua esposa Jane Drew (apenas uma vez cometi o erro bobo de abordar aquela senhora feroz como "Mrs. Fry"). Ele era um arquiteto mais prolífico (e, inevitavelmente, menos radical), e nesse mesmo dia me ofereceu £7.10 – cinco vezes mais. A diferença não parecia proporcional aos seus respectivos méritos. Enquanto trabalhei no escritório Fry & Drew (principalmente em edifícios na África que jamais vi), um dos trabalhos com que me deparei foi o *design* da cozinha para a exposição "Britain Can Make It", no outono de 1946, no Victoria and Albert Museum, que deveria servir de propaganda para o *design* britânico emergente, pós-guerra, mas ainda ligado à austeridade. Minha pequena peça particular foi uma mesa de doces, de vidro e compensado, e senti a emoção, pela primeira vez, de poder falar com os artesãos que estavam interpretando o meu projeto e de vivenciar a relação entre meus desenhos e a realidade palpável da peça que eles confeccionaram a seguir.

Mais preparado por essa experiência, retornei à vida estudantil, à política e aos problemas – alguns dos quais devidos a uma causa agora quase esquecida, a canhestra competição para a construção do novo Crystal Palace. Eu defendia o projeto, que não figurou entre os vencedores, assinado por um tal Clive Entwistle, claramente feito à sombra de Le Corbusier – dizia-se mesmo que com a participação do mestre. Logo conheci o alto, magro, conciso, mas muito bem vestido Entwistle, de cabelos negros. Ele era (como descobri depois) filho de Vivienne (Beauchamp), uma fotógrafa da "sociedade", com estúdio em Park Lane (ela se especializou em delicados retratos de debutantes em sépia), e morava em uma pequena, porém elegante, casa geminada em Royal Avenue, em Chelsea, equipada com mobiliário Le Corbusier, além das gravuras de Picasso e Léger. Conheci sua esposa ali, igualmente magra, porém mais graciosa; uma "rosa inglesa" – com uma pele pálida como porcelana e veias azuis, rastreáveis através do esmalte. Duas crianças bonitas. Já cativado, fiquei também enfeitiçado e me tornei um escravo voluntário.

Eu tampouco sabia, então, que a sua ligação com "o mestre" reportava a um rumoroso incidente (que seu assistente me relatou mais tarde), quando o ágil Entwistle, nadando por Cap-Martin, ouviu gritos de *Au secours! Au secours!* e puxou o náufrago e ferido Le Corbusier de sob um barco a motor; em sinal de gratidão, o mestre fez dele o seu representante em Londres. Quaisquer outros interesses anteriores do jovem Entwistle foram abandonados e há dois projetos conjuntos pré-guerra que figuram, sem nenhuma menção a Entwistle, nas *Ouvre Complète* de muitos volumes do mestre[7].

O serviço militar interveio, mas ele rapidamente adquiriu uma qualificação mínima e tornou-se o tradutor (não muito fluente em expressões idiomáticas) de Le Corbusier; ele também dirigiu o escritório de Londres, a partir do qual o projeto do Crystal Palace foi inscrito para a competição. Embora sua lealdade fosse clara, tanto na concepção como na apresentação, nem mesmo os esboços aparecem na *Oeuvre* do mestre. Atormentado por vários problemas, Entwistle foi para a Argentina, mas não permaneceu ali. Passou algum tempo em Paris, quando participou da competição (da qual também tomei parte) para a construção da catedral católica em Liverpool, em 1960. Ele, então, encontrou trabalho em Nova York, onde morreu em 1976. A história do resgate foi discutida em detalhes por Nicholas Fox Weber em sua volumosa biografia, embora sem qualquer referência a Entwistle – que ele nunca menciona. Parece um pouco estranho que essa figura melancólica, mas envolvente, tenha sido deixada completamente de fora do extenso mito de Le Corbusier.

Grato pelo meu empenho em seu favor, Entwistle ofereceu-se para me apresentar a Le Corbusier. Com um rolo de desenhos sob o braço, fiz o percurso até o terminal da Imperial Airways, em Victoria, a partir do qual os passageiros costumavam – naqueles dias distantes – ser levados de ônibus para o aeroporto ao norte de Londres, em Hendon. O grande homem, acompanhado (como muitas vezes naquela época) pela minúscula Minette da Silva, uma arquiteta cingalesa glamorosa (sempre envolta em um sári e com uma margarida no coque), fez-me o obséquio de olhá-los com muito cuidado. "*Et que voulez-vous de moi?*" ("E o que você quer de mim?"), ele finalmente perguntou. Pedi trabalho. "Muito bem", disse ele. "Tenho todos esses latino-americanos esperando na fila para trabalhar no meu escritório, mas eles não sabem desenhar. Eu poderia levá-lo imediatamente". Voltei para casa deslumbrado. "Consegui trabalho com Le Corbusier!", anunciei à minha mãe. "Quanto ele paga?", foi sua humilhante e instantânea observação. Era sabido que ele praticamente não pagava a ninguém em seu escritório, certamente não a iniciantes. Como eu poderia viver, por minha própria conta, em Paris, enquanto ela cuidava do meu irmão em Londres? Após uma breve, se bem que amarga, disputa a ideia foi abandonada.

Peguei, portanto, novamente os meus desenhos e fui trabalhar para Richard Sheppard, outro arquiteto "avançado". Ao passo que Maxwell Fry e Jane Drew mais tarde se aposentaram, porém mantiveram o interesse pelo escritório que tinham, só para descobrir que o escritório não poderia se sustentar sem a participação pessoal deles e teria de ser fechado, Sheppard entrou em parceria com alguns arquitetos mais jovens e sua prática continuou a florescer no século XXI, mesmo que ele não tenha deixado a sua marca pessoal. Na época em que trabalhei para ele, o escritório era tumultuado e passava por mudanças, demissões e discussões constrangedoras, que podiam ser ouvidas através de portas fechadas – nas quais a minha presença era insignificante. De todo modo, meu protetor foi o perdedor.

Arup

Havia, entretanto, uma vaga no escritório de Ove Arup – agora uma multinacional, mas, mesmo na época, já um dos dois ou três principais escritórios de engenharia na Grã--Bretanha, baseando sua reputação no domínio virtuosístico do concreto armado do fundador dinamarquês e em sua participação ativa na feitura de obras-primas da arquitetura moderna durante os anos de 1930. Era necessário apresentar uma solicitação de trabalho escrita à mão, que Arup (eu soube disso depois) enviaria para análise grafológica. Fui contratado como uma espécie de pau pra toda obra na parte gráfica; deram-me uma prancheta no porão de seu escritório na Charlotte Street e fui solicitado a fazer o *design* do material de escritório e desenhos ocasionais para apresentação, bem como ilustrações para as palestras de Arup sobre estruturas. Para minha surpresa, descobri que ele realmente não gostava do concreto aparente como um material de revestimento e apreciava móveis de madeira escandinavos. Ao contrário dos meus empregadores anteriores, ele era amigável e dado a tocar acordeão – com habilidade e certo *panache* – nas festas do escritório. Havia também uma franqueza e um senso estimulante de exploração por parte dos engenheiros que faltava nos escritórios de arquitetura que eu conhecia. Alguns – principalmente Bob Hobbes e Peter Dunnican – estavam sempre dispostos a passar um tempo no porão, e o melômano Derek Sugden viria depois me ajudar em um projeto de competição, quando realmente me ensinou que o engenheiro e o arquiteto devem colaborar.

A despeito do meu engajamento com o projeto modernista e suas grandes promessas, fui atraído, de modo constrangedor, pelos encantos do passado, e grande parte do dinheiro que eu economizava era gasto em livros antigos. Havia talvez outra – inevitável – dicotomia sobre a forma em que tentei unir as minhas duas paixões. Talvez fosse apenas mais uma daquelas pluralidades a que eu me habituara.

Por acaso, a alguns metros do escritório de Arup havia uma editora/livraria em que eu, às vezes, folheava um livro no horário de almoço. Depois de alguns meses e de bate-papos eventuais, o proprietário levou-me para almoçar e propôs que eu (por um valor irrisório) preparasse uma edição do tratado de Leon Battista Alberti sobre arquitetura, que fora traduzido para o inglês e publicado no século XVIII. Foi necessário pouco trabalho para me convencer de que essa versão antiga era muito falha e de que uma nova seria necessária. Isso era algo que o meu novo patrão sovina não estava disposto a financiar. Sendo obstinado e pedante, comecei o trabalho mesmo assim; a minha edição desmazelada de fato apareceu em 1955, e foi recebida com mais respeito do que merecia[8].

O tempo que isso me tomava não podia ser conciliado com um trabalho de escritório, e acabei saindo da Arup. Embora eu sempre me mantivesse ocupado com projetos – principalmente gráficos –, o fascínio pela pesquisa e pela construção verbal e conceitual tornou-se quase um substituto para a construção em alvenaria ou concreto. Eu só voltaria a exercer a profissão muito mais tarde, quando pudesse trabalhar em meus próprios projetos. Mas os meandros da pesquisa revelaram-se emaranhados demais para me permitir uma livre escolha.

Livros

O que alimentava a minha predileção pelo estudo das antiguidades era uma avidez por livros – não tão compulsiva como a de Canetti, porém quase igualmente onívora. A obra de Alberti exigiu que eu cavoucasse textos antigos e descobri que nas livrarias londrinas havia um acúmulo desordenado de detritos provenientes da debandada das casas de campo. As bibliotecas que patrícios cultos haviam formado durante seus *grand tours* estavam sendo descuidadamente dissipadas – quase descartadas – por seus descendentes mais filisteus. Tais riquezas ainda não haviam sido descobertas por negociantes franceses e italianos, por isso era mais barato comprar uma décima sexta ou décima sétima edição de um texto clássico, geralmente com índices e notas elaborados, do que investir em uma versão erudita moderna. Formei o núcleo da minha coleção de livros quase por acidente: tendo visto alguns textos cobiçados em um grande lote da Christie's, assisti ao leilão esperando comprar os dois ou três que eu desejava em particular de qualquer negociante que desse um lance pelo lote; eu sabia que alguns deles apreciavam comerciar rapidamente os itens. Era o último item da venda, todos os negociantes já vestiam seus casacos para irem almoçar, e então consegui todos os quinze volumes por trinta *shillings*, entre eles a tradução de Marsílio Ficino para o latim das obras de Platão (Lyon, 1590 – que ainda tenho).

Pude suprir meus parcos recursos desfazendo-me, se bem que com relutância, de alguns dos meus tesouros – porém remanesceu o suficiente para me permitir trabalhar em casa a maior parte do tempo.

Por Conta Própria

Minha mãe não encorajaria a minha partida para Paris, mas ela não podia lidar com o isolamento, típico da cidade grande, de quaisquer contemporâneos seus. Até mesmo o tipo de *milieu* russo-judaico próximo que ela havia encontrado em Oxford (e, de forma mais tênue, em Cambridge) não poderia ser recriado nos meandros de Londres. Seu inglês era bastante fluente, mas carregado de sotaque. Os amigos que tinha moravam longe e um hotel em Frognal não era bem um lar – ela se mudara para ali depois da minha fuga de Golder's Green e escolhera o lugar porque meu irmão, que entrava em sua adolescência desconfortável, voltara a estudar na University College School, nas proximidades, enquanto eu, às duras penas, levava uma existência boêmia em um porão em Chelsea; as minhas visitas, embora regulares – lamento dizer –, mais a irritavam do que a confortavam. O fato de eu não ter iniciado nenhuma trajetória de carreira evidente, nem ter uma renda regular, era um aborrecimento constante e importuno. Minha insensível impaciência com suas preocupações só pioravam a situação.

Seus dois irmãos sobreviventes, Solomon com a esposa Polina e suas duas filhas, bem como Maria (conhecida como Masha) com seu marido Max e os dois filhos, tinham se estabelecido em Nova York. Embora não fossem muito unidos, ela poderia esperar que lhe dessem o tipo de respaldo e proteção que ela fora incapaz de encontrar em Londres. Como nunca fora contagiada pela anglofilia do meu pai, a traição de "amigos" ingleses há muito transformara sua indiferença em aversão.

Ela, é claro, queria que eu a acompanhasse, mas eu não conseguia me ver adaptado à família de Nova York ou, mais importante, aos Estados Unidos ainda incipientemente mccarthista. A política de imigração dos EUA simplificou a minha situação. Tendo nascido no Império Russo, em território anexado pela União Soviética, minha mãe estava na quota de imigração russa que, relativamente, não estava de todo preenchida. Meu irmão e eu estávamos incluídos com ela, até que, em 1947, completei vinte e um anos de idade, quando passei da quota russa para a polonesa, que estava completa. Assim, no final de janeiro de 1948, minha mãe partiu para Nova York com meu irmão. Ela estava chorosa, bastante inconformada com a nossa separação, mas eu cerrei os dentes e aceitei ser deixado para trás. Tampouco me ressenti muito disso. De certa forma, parecia quase uma libertação. Acompanhei-os a Southampton onde ela, com tristeza, me deu £25, a maior parte das quais gastei descuidadamente ao retornar a Londres, sem pensar no futuro, oferecendo, a alguns dos meus amigos (entre eles a garota irlandesa de tornozelos grossos, e Colin Rowe, um novo conhecido – sobre o qual falarei mais longamente), um jantar em um elegante restaurante espanhol perto de Piccadilly Circus.

Amigos

O artigo de Colin Rowe, "The Mathematics of the Ideal Villa", havia me assustado quando o li pela primeira vez na *Architectural Review*. Ali estava alguém que via a racionalidade da proporção (que meus professores sempre tinham descartado) como sendo o fator constante comum a um grande arquiteto histórico (Palladio) e a meu contemporâneo, o muito admirado Le Corbusier. Telefonei em seguida ao escritório do *Review* para contatá-lo, porém me dissuadiram com o conselho convencional de enviar uma carta – o que minha inércia adiou indefinidamente. Por acaso, um ou dois meses depois, fiquei encantado com um certo "Colin", atarracado, espirituoso e de nariz arrebitado, em uma festa de estudantes de alguns contemporâneos da AA – apesar de eu não associar esse "Colin" com o "Rowe" do artigo senão até muito mais tarde naquela noite. Declarei imediatamente a minha admiração e simpatia. Depois, caminhamos de volta a Chelsea (onde ambos vivíamos então), em uma conversa animada que se estenderia ao longo de muitos jantares e passeios, às vezes um acompanhando o outro até em casa, ao longo da meia milha do King's Road que nos separava, indo e vindo alternadamente até que chegava a hora do café da manhã. Creio que foi a sua predileção por comer morcela frita logo de manhã que fez com que eu deixasse de gostar dessa iguaria para sempre.

Tendo estudado arquitetura em Liverpool, Colin trabalhava em sua tese de mestrado sobre Inigo Jones no Instituto Warburg, orientado pelo mesmo Rudolf Wittkower cujas aulas tanto me extasiaram em Charterhouse. Fiquei logo enredado em seus aspectos funcionais e técnicos. Colin tinha certa dificuldade em completar qualquer texto escrito longo e era considerado uma grande autoridade entre seus colegas e alunos com base na sua brilhante conversa, tanto quanto (se não mais) em suas publicações[9]. Assim, vi-me acrescentando uma introdução, a numeração das páginas e, finalmente, levando com ele, de táxi, as cópias encadernadas para a Universidade de Londres. Seguiu-se um almoço regado a bebida.

Somente algum tempo depois achei que a abstração do seu formalismo era constrangedora, e tampouco pude simpatizar inteiramente com suas visões políticas *whig* firmemente mantidas e muito articuladas; embora permanecêssemos amigos até sua morte em Washington, cinquenta anos depois, nossos caminhos separaram-se quando ele emigrou para os EUA. Colin tentou retornar à Grã-Bretanha por um tempo (para ocupar uma posição em Cambridge – quando renovamos a nossa amizade, e ele tentou me levar para o *milieu* cambridgeano), mas ele nunca pôde realmente se assentar e acabou voltando aos EUA, para Cornell. Ainda assim, aquela apresentação ao Instituto Warburg – e a Wittkower – moldaria o meu futuro.

A pequena mesada da minha mãe mantivera, a duras penas, o lobo proverbial do lado de fora da minha porta de Chelsea – pelo menos até que ela partiu – e me proporcionara certa independência para estudar na Warburg Library e na sala de leitura do Museu Britânico, onde, nos dias anteriores às fotocópias, o conhecimento do pensamento do século XVII poderia ser ampliado e ilustrado copiando gravuras à mão livre em cadernos.

Warburg

Ainda atuando como uma instituição acadêmica independente, o Instituto de Pesquisas Warburg e sua biblioteca, fundada em Hamburgo por Aby Warburg (o excêntrico – porém tão fabulosamente brilhante quanto rico – herdeiro da grande família de banqueiros) pouco antes de eu nascer, haviam recebido abrigo em uma ala do imenso, em parte abandonado (e agora há muito extinto), Instituto Imperial em South Kensington, na Exhibition Road. Desse edifício, apenas a torre remanesce como parte do Imperial College of Science, a que deu lugar aquele encardido (porém muito bem aquecido) edifício em que eu, ocasionalmente, me extraviava entre dioramas coloniais ou escritórios desertos e empoeirados à procura da única refeição ligeira oferecida em uma "cafeteria" no porão, onde um enroladinho de queijo ou de apresuntado e uma xícara de chá poderiam ser comprados por alguns *shillings*. Mas quando se subia a ampla escadaria sob a torre, passando por pesadas portas de madeira e de vidro, abria-se uma curta passagem – aos conhecedores e privilegiados – para a fabulosa biblioteca.

Os livros ficavam sobre prateleiras abertas e uma vez dominado o sistema de catalogação idiossincrático, porém bastante razoável (concebido pelo próprio fundador), a biblioteca era um deleite, se bem que dar de encontro com alguns pesquisadores pudesse ser intimidante. Ao lado de Wittkower, o diretor era o minúsculo, esfuziante e despretensioso Fritz Saxl, que fora assistente de Warburg e escrevera sobre astrologia e temperamentos; sua sucessora (e companheira) foi a sisuda Gertrud Bing, de óculos sem aro, sempre em um *tailleur* sóbrio; havia também o arredio E.H. Gombrich (mais tarde *sir* Ernst), que caminhava arrastando os pés, supostamente envolvido em uma biografia intelectual de Warburg, mas que na verdade escrevia de forma instrutiva acerca de vários aspectos do Renascimento, a partir de uma perspectiva obstinadamente positivista, enquanto a biografia esperava. Frances Yates, cuja erudição já era lendária (embora sua fama viesse alguns anos depois), era uma presença impressionante, e lá estava também o quase igualmente erudito Charles Mitchell – que iria passar boa parte de sua carreira posterior lecionando para estudantes do sexo feminino em Bryn Mawr, na Pensilvânia. Na época, contudo, foi o desmazelado Mitchell, de cabelos crespos, quem me deu um *insight* sobre o etos do lugar: ao passar pela minha mesa cheia de livros ele perguntou, em sua voz anasalada e estridente, por cima do meu ombro:

– O que você está fazendo aí? – Quando eu disse que traduzia Alberti, ele me criticou de forma vexatória e resoluta:

– Pessoas que não sabem ler latim não merecem Alberti.

O que me atraía instintivamente para a biblioteca e seus habitantes era a sua total dedicação ao conhecimento, bem como a minha obscura percepção da herança do fundador. Ele afirmara que os fenômenos visuais podiam comunicar de forma autônoma, mas que a compreensão deles dependia sempre, por um lado, de uma relação dialética com evidências documentais, escritas e, por outro, do estado de espírito do observador e seu envolvimento com o mundo do outro. Alguns dos warburgianos que eu conhecia estavam oferecendo seminários para estudantes da Universidade de Londres (estavam sob a sua égide em 1944) e convenci Wittkower a permitir que eu participasse dos seus seminários semanais por dois anos consecutivos. Sua única condição era a frequência assídua. Então eu ouvi a sua descrição do *Stanze* de Rafael durante um ano, e sua discussão sobre a topografia de Roma, no ano seguinte. Elas foram a minha verdadeira introdução à história da arte. O ano passado no Courtauld Institute, na qualidade de estudante externo, pouco acrescentou: fui ali ensinado por dois professores altos, secos, patrícios – e explicitamente marxistas. Eu achava Anthony Blunt (que mais tarde ganhou fama por ser um agente da contraespionagem britânica) – sempre com seu *tweed* bem talhado – frio, enfadonho e distante; Bennedict Nicolson, bem mais modesto – trajava ternos escuros –, também era uma pessoa seca, porém instantaneamente simpática. Nicolson era, à época, editor do *Burlington Magazine*; tomou conhecimento dos meus esforços estudantis e pediu-me para escrever uma crítica ocasional.

    Nicolson também achava minha visão da história – não marxista e fora de moda – divertida o suficiente para me apresentar, durante um jantar, a Friedrich Antal, o formidável e insociável historiador de arte marxista, e me vi defendendo as ideias de meu outro herói, Siegfried Giedion, cujo *Space, Time and Architecture* (Espaço, Tempo e Arquitetura, publicado pela primeira vez em 1941), embora ninguém falasse dele nos meus dias de Cambridge, eu havia encontrado na biblioteca da AA. A obra passou a ser lida avidamente pelos estudantes mais aguçados no final da guerra.

Para muitos jovens arquitetos e estudantes, foi a primeira tentativa séria de dar à nossa situação na modernidade – talvez de forma paradoxal – um fundamento histórico. A única tentativa anterior, *Pioneers of the Modern Movement* (Pioneiros do Movimento Moderno), de 1936, de Nikolaus Pevsner, falava de uma progressão suave de William Morris à Bauhaus e parecia acolhedora e anglocêntrica demais. O livro de Giedion mostrou (ele fora treinado como engenheiro) como as formas projetadas pelos construtores do século XIX, quase inconscientemente, foram retomadas em uma nova disciplina que alguns artistas e arquitetos desenvolveram no início do século XX e que levou a novas formas construtivas. Era uma espécie de hermenêutica e parecia representar uma abordagem da história tão nítida e ousada como a que eu encontrara no Instituto Warburg, mas com uma diferença – já que Giedion estava amplamente envolvido nas batalhas artísticas do dia e, como editor de arquitetura do proeminente periódico parisiense *Cahiers d'Art* durante os anos de 1930, levou alguns dos projetos mais inovadores do momento ao domínio público, ainda que sua atenção arguta aos mais recentes sempre tivesse o respaldo do talento de um historiador. Sua obra anterior *Bauen in Frankreich* (Construção na França, 1929), mais combativa – e muito mais condensada –, na qual ele definiu pela primeira vez sua tese sobre o inconsciente tecnológico era, na prática, difícil de obter e, portanto, inacessível. Para mim, os elementos gráficos de *Space, Time and Architecture* eram outra atração: as capas e o leiaute foram obra de Herber Bayer, enquanto o *Bauen in Frankreich* tinha o *design* de Laszlo Moholy-Nagy, da Bauhaus. *Mechanization Takes Command* (A Mecanização Assume o Comando), a última grande obra de Giedion, chegou aos escritórios da *Burlington Magazine* para uma resenha crítica de sua edição de 1948. Talvez de forma um tanto imprudente, Nicolson me entregou o trabalho. Essa crítica seria o meu primeiro ensaio sério sobre a história da arte. Levei dois anos para concluí-la, sofrendo dores pungentes pela repreensão (ocasionalmente sarcástica) de Nicolson. Alguns dias depois de tê-la finalmente entregue, Wittkower me abordou na biblioteca de Warburg e pediu que eu fosse ao seu escritório. Imagine o meu terror quando vi meu texto datilografado em sua mesa. Ele me conduziu pelo texto, frase a frase. Ao deparar-se com aquela que dizia algo como "O rápido colapso da *art nouveau* foi a crítica mais radical da concepção de estilo do século XIX", ele a riscou e disse: "Você pode escrever um livro sobre isso, mas essa frase não pode constar como uma observação expressa de modo casual na resenha de um livro". Muitos anos depois, fui afortunado em ter a oportunidade de responder a essa repreensão quando dei um curso de doze palestras sobre *art nouveau* em Colúmbia, que dediquei à sua memória.

Itália

Ao folhear, no final dos anos de 1940, revistas de arquitetura do pré-guerra, descobri que, apesar dos vinte anos de dominação fascista, muitos edifícios refinados haviam sido erguidos na Itália, mais elegantes e numerosos do que na Grã-Bretanha nessa mesma época. Só pude encontrar algumas referências a esses anos nos livros e artigos que me eram acessíveis. Enquanto meus contemporâneos flertavam com a fidalguia e o pragmatismo sociológico neoescandinavo, esse tipo de arquitetura parecia não ter nada a oferecer. No entanto, ainda que aqueles edifícios estimulantes, de limites definidos, possam ter parecido maravilhosos no papel, eu praticamente nada sabia a respeito dos seus antecedentes sociopolíticos altamente suspeitos.

Havia, contudo, outros fatores que tornaram a Itália convidativa e emocionante, apesar de derrotada. A Vespa, e até mesmo a mais elegante Lambreta, ofereciam uma forma nova e econômica de transporte urbano. Casas de moda italianas brotavam no solo estéril, aparentemente inculto. E um dos arautos de algumas dessas coisas foi a revista de arquitetura e mobiliário *Domus*, surgida vinte anos antes. Ela havia sido fundada por Gio Ponti – que, como eu viria a saber mais tarde, protegera um número de antifascistas notáveis no final dos anos de 1930 (embora jamais tivesse usado uma camisa preta), época em que ele próprio fora muito bem-sucedido, estando agora inevitável, porém muito injustamente, maculado pelo passado. Depois da guerra, a editora entregou a direção ao irrepreensível Ernesto Rogers, sócio do respeitado escritório BBPR de Milão (do qual falaremos mais tarde), que instantaneamente transformou a *Domus* na revista de arquitetura e *design* mais refinada do mundo. Essa elegância não era atrativa para seu público leitor doméstico convencional, e a circulação da revista caiu drasticamente. Rogers manteve o cargo de editor por apenas um par de anos, e Ponti foi convidado a voltar.

Não ciente dessas (ou de quaisquer outras) complexidades, resolvi começar a minha crônica sobre a arquitetura italiana do século XX. Os obstáculos óbvios para a minha iniciativa eram eu não saber italiano, nem tampouco ter posto os olhos em qualquer um dos edifícios que eu queria abordar – pois eu ainda nem havia atravessado o Canal sequer uma vez depois da minha tensa chegada, em plena guerra, na Grã-Bretanha dez anos antes.

Pensei que poderia superar ambos os obstáculos de uma só vez. Eu viajaria pela Itália de carona, fingindo não saber inglês e assim assimilaria o italiano, me virando com uma mistura de latim macarrônico e de francês, enquanto visitava os edifícios relevantes – além de muitas outras obras arquitetônicas. O visto, contudo, era um problema, já que eu viajaria com aquele passaporte apátrida que só a Alemanha Ocidental estava disposta a carimbar sem fazer muitas perguntas. Mas a ignorância enxertada na juventude pode ser um poderoso estimulante. O fato de eu não ter dinheiro não me parecia um problema real, e me juntei a John Turner, vizinho e colega da AA. Fomos atraídos um pelo outro não só pela afinidade arquitetônica, mas também por nossa política: ambos éramos leitores de Kropotkin e nossas simpatias, embora resolutamente de esquerda, estavam com os anarquistas, não com os comunistas. Um editor interessado em arquitetura – e até mesmo em uma publicação mensal (infelizmente, tanto a editora como o periódico já estão há muito extintos) – se dispôs a um ato de fé e adiantou uma pequena soma de dinheiro para custear nossa viagem em troca do livro prometido.

No que diz respeito à situação política, é verdade que alguns dos edifícios que iríamos abordar tinham sido construídos por ordens oficiais, mas o fascismo – por mais vil que fosse – certamente parecia um monólito menos ameaçador do que o nazismo, ainda que somente por causa do aspecto farsesco de Mussolini (explorado por muitos comediantes, notadamente por Charlie Chaplin). Também nos armamos de coragem das histórias sobre a heroica resistência italiana – e a Itália, de todo modo, terminara a guerra como nossa aliada. Por intermédio de Colin Rowe eu havia conhecido a figura imponente de seu vizinho, o conde Riccardo Priuli Bon. Sempre de terno e cheio de opiniões idiossincráticas ("toda música anterior a Puccini é enfadonha"), ele estivera no exílio antifascista na Inglaterra desde bem antes da guerra. Apesar de seu nome ultraveneziano, fora criado na Toscana, adorava seu dialeto gutural, e tinha um cabedal de piadas obscenas dialetológicas com as quais me presenteou tão logo o meu italiano ficou melhor; entrementes, ele contou com a ajuda de alguém na embaixada e um visto foi carimbado no meu passaporte.

Paris

Foi a minha primeira incursão no pós-guerra fora da Grã-Bretanha, e a primeira parada foi Paris, é claro: diferente, desconcertante, de tirar o fôlego. Tudo o que eu sabia sobre ela eu aprendera a partir de livros, por isso o cheiro de Gauloises bolorentos e de vinho derramado em cafés e no metrô era meio que esperado; o prazer do *café-crème* e do *croissant* de manhã, entretanto, tinha uma intensidade original nova – que eu ainda posso ocasionalmente revisitar, mesmo agora que o cappuccino onipresente (embora apenas os italianos e os australianos pareçam saber instintivamente como prepará-los) tenha desalojado, em grande parte – mesmo em Paris –, o *café-crème*.

Alguns primos paternos de primeiro grau, sobreviventes da guerra, me receberam cordialmente em seu apartamento de subúrbio que coabitavam com dois filhos e duas tias (irmãs mais velhas do meu pai), bem como com um grande pastor alemão. Eles emigraram ao Canadá com o falecimento de uma das minhas tias, após a minha primeira visita. Lembranças do tempo de guerra não faziam parte da nossa conversa diária – havia a sensação de que era o bastante conseguir lidar com os problemas prementes do cotidiano atual. Uma vez fiquei sozinho com minha tia Esther em um dia ensolarado de junho, enquanto na rua em frente um altar ao ar livre estava sendo erguido para a próxima procissão de Corpus Christi.

– Você conhece aquela coisa branca redonda que os católicos têm? –, ela perguntou vagamente.

– Sim –, eu disse.

– Bem, você não deve rir dela! Tem ali alguma coisa! Perguntei como ela sabia. Após o cerco de Varsóvia, contou, depois de ter perdido as duas filhas e estando hospitalizada com as pernas engessadas e documentos arianos falsos, um padre viera para ouvir a confissão dos pacientes. Quando se aproximou, ela começou a chorar.

– O que é isso, minha filha –, perguntou o padre.

– Eu sou judia –, ela deixou escapar.

– Isso não é um pecado, minha filha –, ele retrucou e, depois de absolvê-la, disse-lhe como se comportar no dia seguinte, quando ele voltaria à enfermaria e lhe daria a comunhão, arriscando sua vida.

Uma única ação anônima, virtuosa, da qual me recordo com gratidão.

Ainda assim, eu temia que as coisas se tornassem intoleráveis se eu permanecesse com meus primos, por mais acolhedores que fossem. Fiquei, portanto, aliviado quando eles me "repassaram" para um primo de segundo grau, Mietek (mais tarde, Moshe – quando se mudou para Israel) Prywes e sua esposa Iza, que viviam com muito mais conforto numa esquina próxima do Arco do Triunfo; eles não só tinham um quarto de hóspedes, mas duas pequenas filhas, das quais eu poderia, de forma útil, tomar conta. Ao contrário do resto da minha família, eles demonstraram uma curiosidade simpática acerca de minhas ações. Ambos eram médicos que trabalhavam para uma instituição de caridade judaica (que lhes proporcionara o apartamento), e sua casa em Paris a se tornou um lugar de descanso na continuidade das minhas peregrinações italianas durante os anos seguintes.

Mietek/Moshe foi a primeira pessoa a me fazer tomar consciência do massacre de Katyń, que não é muito lembrado entre os vários horrores da guerra, embora esteja marcado nas recordações polonesas pela eliminação, deliberada e insensível, de aproximadamente 22 mil oficiais poloneses em uma única ação, que visava destruir a classe profissional-intelectual do país[10].

Ao contrário dos meus outros primos, ele não era avesso a falar sobre o passado. Tendo-se formado médico no verão de 1939, foi imediatamente convocado e comissionado como oficial-cirurgião. Um enfermeiro lhe foi designado (um serviçal pessoal não fazia parte de sua experiência de vida anterior) e lhe deram um uniforme muito elegante, no qual – sendo um pouco vaidoso e tendo boa aparência – ele se achava o máximo. Seu hospital fora evacuado, no início da guerra, para o sudeste – hoje parte da Ucrânia. Foi um coetâneo médico, um velho comunista (não um judeu, ele observou casualmente), quem o aconselhou a tirar todos os galões e insígnias e enterrá-los. Por mais mortificado que estivesse, meu primo teve o bom senso de fazer o que lhe foi aconselhado. Seu colega, contudo, também disse a ele para guardar alguma prova da qualificação médica em uma de suas botas. A primeira precaução o salvou da sina de Katyń. Já ao *gulag* ele sobreviveu, como um médico do campo, graças ao documento de identidade médica escondido em sua bota.

As lembranças do *gulag* ocuparam grande parte do nosso tempo juntos – elas haviam marcado Mietek profundamente. Por intermédio dele e de Iza conheci também Edward

Raquello, um parente muito distinto do meu pai. Esse foi o nome que ele escolheu para substituir o seu Zylberberg nativo quando se mudou para Hollywood. Boa-pinta, de aparência bronzeada, ele conseguiu muitos papéis "mediterrânicos" no cinema mudo, apenas para se ver completamente arruinado por seu sotaque polaco indelével quando os filmes falados surgiram. A partir daí, passou a fazer propaganda norte-americana transmitida para a Europa Oriental. Um amigo talentoso (sem nenhuma relação familiar) também me levou para conhecer Regina Zylberberg, a pessoa mais famosa desse ramo da família, conhecida como Régine, a rainha das boates, que praticamente inventou a discoteca no início dos anos de 1950 e até mesmo ensinou o duque de Windsor a dançar o *twist*. Mas ela logo percebeu que eu não era nem *playboy* nem príncipe o suficiente para ser mais do que um interesse passageiro para ela; tampouco era o tipo de parente pobre e idoso que induziria a sua caridade.

 Explorei Paris sozinho na minha primeira saída da Grã-Bretanha, e como isso ocorreu alguns anos antes de "Nova York roubar a Arte Moderna" (eu roubo, por minha vez, o título do livro de Serge Guilbaut, *How New York Stole the Idea of Modern Art*), Paris ainda era a sua capital, ainda a cidade de galerias de arte, de pequenos teatros e de revistas ainda menores – da cultura em geral.

 Logo percebi que a cidade oferecia muitos prazeres que mesmo meus parcos recursos não me negavam. Se eu assistisse à missa do meio-dia na igreja da Trinité, seria regalado com uma hora de improvisação do organista Olivier Messiaen. Os pequenos teatros baratos exibiam peças de escritores sobre os quais eu estava apenas ligeiramente a par: Eugène Ionesco, Arthur Adamov, Boris Vian. Havia o mundo das lojas e galerias de St Germain-des-Prés, onde minha atenção foi atraída pela livraria La

Hune, crucialmente situada entre o Café de Flore (único café que poderia nos dar a oportunidade de assistirmos ao ritual ocasional de um garçom anunciando *"monsieur Sartre au téléphone"*, solicitando, assim, ao diminuto filósofo a se levantar e a se mostrar para um público admirador) e o pouco mais salubre Deux Magots. La Hune também era a casa da Editions K, que publicava livros de escritores à margem do surrealismo: a obra tardia de Antonin Artaud e as de Benjamin Peret, Georges Bataille, Aimé Césaire e Henri Pichette, um jovem poeta de quem eu não tinha ouvido falar. Sua tipografia exuberante e generosa, bem diferente da elegância puritana dos meus ídolos ingleses e suíços, era obra de Pierre Faucheux, um arquiteto insignificante, mas um gênio da impressão e da edição, cujo trabalho para o Club Français du Livre e, posteriormente, o replanejamento do Livres de Poche revolucionou o *design* do livro francês. Na produção das Éditions K ele desenvolveu o estilo gráfico ruidosamente intenso que os surrealistas nunca buscaram, mas cuja falta certamente os deixou mais pobres.

O mais intrigante para mim foi o texto de *Les Epiphanies*, peça de Henri Pichette encenada em um dos pequenos teatros – mas com Gérard Philippe, Roger Blin e Maria Casarès nos papéis principais e cenários de Matta (sua segunda peça, *Nucléa*, com o mesmo elenco estrelado, tinha cenários de Sandy Calder). Procurei suas outras publicações, entrei em contato com ele: e traduzi – com a sua aprovação – alguns dos seus *Apoemes*. Seus ritmos furiosos, sua sintaxe barroca e floreada, eram instantaneamente sedutores, de modo que ignorei a falta do tipo de humor que eu tanto admirava em Jacob e Apollinaire.

Como a maioria dos "operários da cultura" fora dos círculos arquitetônicos imediatos, Pichette achava a minha paixão pela arquitetura intrigante. Quem tivesse a sorte de estar envolvido com palavras certamente não iria investir sua energia no negócio prosaico da construção. Ao conversar com ele a respeito, encontrei a minha justificativa: "Porque eu quero ser capaz de andar pelo meu cérebro". Ele, ao que parece, achou a explicação satisfatória e, desde então, não fui capaz de pensar em outra melhor. Embora ele seja muito publicado na França e, ocasionalmente, discutido por críticos ingleses, a obra de Pichette – tanto quanto é do meu conhecimento – jamais foi traduzida para o inglês.

Quem quer que tenha me apresentado – não me lembro quem – a Jean Hélion e a sua esposa Pegeen, prestou-me um serviço maravilhoso – não que eu tenha "feito" algo com eles, mas Jean permaneceu até sua morte e mesmo além, nos desenhos que me deu, uma presença sólida, como uma rocha, na minha vida. Pegeen, loira, esguia, feminina, era filha da colecionadora miticamente boêmia Peggy Guggenheim. Pegeen também pintou, em pequena escala, figuras que eram reduções naturais e divertidas dos homens e mulheres epicamente vívidos de Jean. Eles pareciam um casal estável, que se complementava, e moravam com dois meninos encantadores em um apartamento no último andar na rua Michelet (bem ao lado dos Jardins de Luxemburgo), embora Jean usasse uma oficina no térreo como seu estúdio, trabalhando com um quepe de motorista e trajando um sujo roupão manchado de tinta. Suas pinturas abstratas me eram familiares da Tate Gallery e eu não estava preparado para a sua guinada dos tempos de guerra. Mesmo assim, para ele havia uma continuidade ininterrupta entre os complexos volumes de suas abstrações e sua arte figurativa posterior. Era maravilhosamente fácil conversar com ele sobre o seu trabalho e o de outros pintores, com relação aos quais ele era generoso e perspicaz. Deve ter sido ele quem me apresentou a Sinbad Veil, seu inepto cunhado, que financiou *Points*, uma pequena revista em inglês, publicada em Paris, que dedicou à minha poesia (suspeito que por insistência de Jean) um par de páginas.

Suas pinturas àquela época, que Jean queria que fossem "morais e didáticas", tinham uma iconografia limitada: abóboras seccionadas ameaçadoras e descomunais; homens empurrando bicicletas ou lendo jornais; mulheres nas janelas – um tema arcaico; animais comestíveis mortos – em açougues, sobre tampos de mesa. A epopeia do corriqueiro era o que ele pregava por meio delas. A excêntrica Pegeen entrava e saía de sua vida até abandoná-lo, finalmente, para uma errança que culminou no suicídio. *J'ai fait de mon mieux* (Fiz o meu melhor), – ele me disse depois da morte dela, – *Mais je ne pouvais rien contre son gout du malheur* (Mas não pude fazer nada contra seu gosto pela desgraça). Jean continuou pintando até o início da sua cegueira, que suportou estoicamente, em meados dos seus oitenta anos.

Ciam

A próxima parada foi Milão. Era 1949, e o Congresso Internacional de Arquitetura Moderna (conhecido pelo seu acrônimo francês Ciam) estaria realizando o seu próximo – o sétimo – congresso em Bérgamo, que coincidia com a nossa viagem e, por isso, propiciaria uma oportunidade perfeita para conhecer alguns dos nossos heróis. Voltei a me reunir com John Turner, pois era hora de iniciar o trabalho para o livro projetado. Quando chegamos, fizemos nosso primeiro contato: o arquiteto anarquista Colin Ward, que era apaixonado pela provisão habitacional por meio da autoconstrução e por projetos de construção cooperativa (aos quais John dedicaria o trabalho de sua vida), nos deu uma carta de apresentação amigável em Milão para Giancarlo de Carlo, outro arquiteto com tendências anarquistas, que tinha a fama de falar bem o francês – embora Colin não tivesse seu endereço, nem tampouco um número de telefone. Mas estávamos com sorte e dois jovens arquitetos monolíngues nos levaram, na garupa de suas Lambretas, ao escritório da BBPR, que era um ponto de referência em Milão para visitantes estrangeiros durante as atividades do Ciam.

As iniciais BBPR referiam-se aos quatro associados de um grupo que tinha um histórico conturbado – como verifiquei mais tarde – porém análogo ao de muitos artistas e intelectuais italianos; inicialmente cativados pelo regime, logo se desiludiram e passaram para a oposição: o alto e patrício Lodovico Barbiano di Belgiojoso e Gian Luigi Banfi foram presos como antifascistas na mesma época e ambos passaram um tempo no campo de concentração de Matthausen, onde Banfi foi exterminado. A inicial do seu nome foi mantida como um memorial na sigla da empresa. O pequeno e robusto – mas imperioso – Ernesto Rogers, um judeu de Trieste foi, como vários outros intelectuais italianos de sua geração, clandestinamente para a Suíça; só Enrico Peressutti (o mais prolífico projetista dos quatro) foi convocado para servir no exército italiano, mas também ele tinha contatos clandestinos com a Resistência.

Minha chegada em seu escritório foi bastante surpreendente. Uma porta de vidro abria-se para uma escada de metal que nos levou ao primeiro andar. A alta abóbada da sala de recepção, dominada por um cavaleiro de Marino Marini, os braços esticados em um grito silencioso, era de tirar o fôlego de qualquer visitante inocente. Uma das paredes era uma tela feita de lajes de mármore coloridas; ainda que fossem espécimes banais de pedreira, eu jamais vira amostras comerciais utilizadas de modo a produzir um efeito refinado tão maravilhoso. Essa sala era separada, por divisórias de madeira, do estúdio de trabalho, mas o vidro que continuava as divisórias até o teto permitia ao visitante ver a alta abóbada mais além. Mais tarde, soube que ela ocupava uma extremidade dos claustros dos Cavaleiros da Ordem do Santo Sepulcro – um benefício de sua associação principesca com Belgiojoso.

A combinação de elegância espaçosa com a presença de grandes obras de arte na sala (e em outras partes do escritório, como descobri posteriormente) me mostrou que havia uma maneira vivaz e generosa de praticar arquitetura, bastante diferente da parcimônia forçada dos meus empregadores britânicos, que eram extremamente limitados pela austeridade de uma guerra prolongada que se estendera para as primeiras décadas do tempo de paz.

Foi Rogers quem se encarregou de nós. Ele gostava de homens jovens. O Ciam 7 oferecia uma abundância deles. Rogers providenciou transporte para Bérgamo, onde a extraordinária e bela praça na cidade alta provocou outro choque. Havia a catedral protorrenascentista, cuja capela Colleoni, bastante suntuosa, fez parte da surpresa, já que tudo o que eu conhecia acerca daquele comandante militar era o monumento equestre de Verocchio localizado em Veneza, em frente da igreja de San Giovanni e Paolo, familiar a todos os estudantes de primeiro ano de história da arte. A românica Santa Maria Maggiore formava um complexo com o batistério e as arcadas abertas sob o medieval Palazzo della Ragione – prefeitura e tribunal – conduzia à Piazza Vecchia, dominada pela fachada polida do Palazzo Nuovo de Vincenzo Scamozzi. Nenhum desses esplendores jamais figurara no repertório de exemplos históricos dos meus professores. Isso me preparou para as muitas revelações que os meses seguintes ofereceriam, enquanto vagava pelas pequenas cidades da Itália. As histórias correntes de arte e arquitetura eram simplesmente condensadas demais para explicar mais do que uma seleção trivial de obras-primas, ilustradas com plantas e fotografias em preto-e-branco insatisfatórias.

As sessões do congresso realizavam-se no salão aberto do Palazzo della Ragione, onde também era montada a exposição, bem como nos salões do Palazzo Nuovo, embora muitas das discussões ocorressem nos cafés entre eles. Altamente articulado e ocasionalmente ardoroso, o Giancarlo de Carlo real participava de todas essas discussões e logo nos tornamos amigos. Tenho que confessar que me habituei a tudo isso como se fosse uma extensão da política estudantil com o qual eu me familiarizara em Londres, e no meu estado de espírito descontraído conheci alguns dos meus heróis: o volúvel Le Corbusier (que dominava todo o evento sem nenhum esforço), o cerimonioso e distante Walter Gropius, o pequeno e gordinho (mas muito digno) Josep Lluis Sert. Consegui finalmente falar com Sigfried Giedion, tão pequeno quanto Sert – cômica e suiçamente sem graça – porém não suiçamente excitável. Ele era o secretário do Ciam desde a sua fundação, em 1928, e lembro-me do meu constrangimento quando ele me apresentou ao presidente, Cornelis van Eesteren, então arquiteto que trabalhava para a cidade de Amsterdã (e um veterano da revista *De Stijl*), como "nosso jovem revolucionário".

Alguns eventos também ocorreram na cidade próxima de Como, lar de Antonio Sant'Elia, um importante arquiteto futurista (descobri com grande entusiasmo na câmara municipal um estoque de seus desenhos, mantido de forma negligente em pastas de papel-manilha), bem como do excepcional modernista italiano Giuseppe Terragni. A maioria dos seus edifícios ficava a uma curta distância um do outro, na pequena e muito elegante cidade no lago da montanha, que também leva o seu nome. Um jantar suntuoso e memorável para nós – que vínhamos da austeridade da Grã-Bretanha – foi oferecido pela Prefeitura, no fim do qual Carola Giedion, a esposa de Sigfried (cuja simpatia com os jovens, vivacidade e cordialidade foram imediatos, de modo que ela se tornou imediatamente "cw" – as iniciais de seu nome de solteira, Carola Welcker – ela assinava seus livros como Carola Giedion-Welcker), nos disse para que "gazeteássemos" o que viria a seguir, já que, de acordo com ela (e para nosso chocado divertimento), Le Corbusier seria o prolixo e pomposo orador de depois do jantar.

Houve outros incidentes: o neorrealismo italiano estava então em seus primórdios, e sua recém-lançada obra-prima, *Ladrões de Bicicletas*, de Vittorio de Sica, foi exibida no Congresso. Minha memória daquela primeira exibição é amortecida por dois pares de seios arfantes de cada lado meu – os de Nellie van Doesburg (viúva de Theo, o pintor-*designer* do *De Stijl*) e os de Carola Giedion. Eu era ingênuo o suficiente para me surpreender com o fato de que essas duas notáveis (mesmo augustas) senhoras se emocionassem até as lágrimas com tanta facilidade por um filme, assim como o restante de nós.

A excitação diária, toda aquela efervescência, deixava-me em um estado de intoxicação constante. Ainda assim, o meu verdadeiro trabalho não era assistir ao Ciam, mas conhecer os arquitetos italianos da época e delinear o seu trabalho e as suas ideias, como preparação para o livro proposto. Ignazio Gardella, Franco Albini, Luigi Figini e Gino Pollini, bem como Pietro Lingeri, o antigo parceiro de Terragni (Terragni havia falecido durante a guerra), foram todos simpáticos e acolhedores, e pareciam divertir-se (ainda que um tanto perplexos) com o meu entusiasmo. Gio Ponti, editor renomeado da *Domus* (na qualidade de seu fundador, ele era uma figura-chave na história que eu me preparava para escrever), embora não fosse um membro do Ciam ("como você pode falar com esse fascista?", Rogers me perguntou em tom acusatório injusto), acabou por ser o mais hospitaleiro e cordial deles; ele me apresentou a seus familiares e me convidou para ir ao campo em um fim de semana, onde acabei pegando uma gripe e fui tratado com carinho – depois do quê ele aparentemente decidiu que eu fazia parte da sua (muito) extensa família.

Foi o início da minha – ainda contínua – relação com a família Ponti, mas também com a Itália em geral. Eu não estava acostumado a ser aceito de modo tão inquestionável. O fato de eu não ter nenhum centavo era bem óbvio (viajei de carona com minhas posses desmazeladas em uma mochila), porém isso não parecia importar às pessoas que conheci – se bem que esse tipo de abertura não perdurasse em anos posteriores. Minha judaicidade era óbvia demais e levemente curiosa – entretanto jamais me estigmatizou (como certamente o fazia na Grã-Bretanha da época) como um *outsider* intrusivo. Registro essa impressão de forma anedótica. É claro que houve leis raciais na Itália nos últimos anos do fascismo e um grande número de judeus italianos foi deportado para campos de concentração na Alemanha, enquanto outros se refugiaram no exterior. No entanto – mais uma vez, trata-se de mera impressão minha – as leis raciais foram ali aplicadas esporádica e ineficientemente, não devido a qualquer virtude nacional inata nem tampouco por causa de algum inveterado grosseiro erro da burocracia italiana, mas porque não foram compreendidas.

Outra amizade remonta a essa época: fiquei fascinado com as construções do arquiteto piemontês Alessandro Antonelli (1798-1888), cuja obra mais famosa, a imponente Mole Antonelliana, em Turim, não figurava em nenhuma das histórias gerais de arquitetura que eu conhecia. Esse edifício é não apenas o mais alto da cidade, como ainda o mais alto construído em qualquer lugar com materiais "tradicionais" (tijolo, pedra, madeira, ferro forjado). Eu me deparara, por acaso, com fotografias de seu trabalho em um livro da biblioteca e, em seguida, verificara que era penosamente difícil descobrir alguma coisa sobre ele ou suas demais obras. Mencionei o assunto casualmente a Vittorio Gregotti, um dos meus novos amigos – a quem eu conhecera por meio da política estudantil, antes ainda de 1949, e que tem sido um dos meus melhores amigos desde então. Constatei que ele sabia tudo sobre Antonelli, pois havia nascido à sombra do seu segundo edifício mais alto, a cúpula da igreja de San Gaudenzio, em Novara. Vittorio e seu irmão mais novo Enrico – Chicco –, assim como seus pais, me acolheram em Novara, onde "estacionei" a minha mochila no quarto de hóspedes e comecei a perambular pela cidade, olhando outros edifícios de Antonelli, para me dar conta de que ele era muito mais interessante – e prolífico – do que as poucas fotografias haviam prometido, mesmo tendo antecipado a noção de reforço protendido ao utilizar apertados laços de ferro forjado em uma estrutura de tijolos. Aprendi tudo isso muito antes da curiosa revelação de que ele fora o arquiteto favorito de Nietzsche, mas levei alguns anos para descobrir o que eu achava deveras curioso a seu respeito: eu sabia que, como professor, ele se especializara no ornamento e que seu próprio uso dele seguia o classicismo irrepreensível dos manuais do século XIX, se bem que às vezes em uma direção discretamente inventiva. Percebi logo que uma disposição das vigas e colunas convencionais como um dispositivo de estruturação visual representava para ele racionalidade, ao passo que as invenções técnicas eram intuitivas e, por vezes, muito ousadas (e certamente não calculáveis) para a sua realização material. Pelo menos um de seus principais edifícios desmoronou quando Antonelli ainda vivia. A Mole de Turim só remanescera graças ao concreto pesado e ao reforço de aço. Quando o pináculo da torre da Mole foi derrubado por um furacão em 1953, o município decidiu livrar-se do estranho edifício, mas ele foi salvo pelo protesto popular e agora abriga um florescente museu de cinema.

A verdadeira realização de Antonelli – ou assim me parecia – foi a de inverter a relação normal entre o racional e o intuitivo, e essa compulsão visionária o levou a planejar e a inventar formas sem precedentes, enquanto o ornamento, regido pela convenção, ele o utilizou para modular essas formas selvagens o suficiente para torná-las aceitáveis aos seus clientes, que de nada desconfiavam, e ao público em geral. Uma intuição, cujo conhecimento, agora eu vejo, devo aos ensinamentos de Giedion.

Milão

Foi Milão, que eu esperava fosse monótona – um desalmado centro comercial/industrial – que me surpreendeu e me encantou. A euforia que eu sentira ao visitar o escritório da BBPR foi apenas um aperitivo. Eu conhecia suas obras-primas da história da arte: um dos *Cartões* de Rafael na Ambrosiana; a *Pietà Rondanini*, de Michelangelo – e a Última Ceia, de Leonardo, sombria e enigmática, mas ainda não restaurada para a sua atual palidez fantasmagórica. Eu sabia que a obra havia sido feita no refeitório do convento dominicano de Santa Maria delle Grazie, porém nada me preparou para a harmonia luminosa de sua igreja, cujo cancelo – como eu sabia *en passant* – fora anexado à baixa nave gótica do priorado mais antigo.

Como esse cubo em branco e preto, articulado de forma muito simples, com moldes de terracota e uma cúpula hemisférica, podia alcançar a beleza que tanto me impressionou? Tanto quanto me lembro, foi o primeiro edifício que me comoveu às lágrimas. Tampouco me importava quanto do seu encanto se devia a Donato Bramante (que a construiu por volta da época em que seu amigo Leonardo pintou o refeitório) e quanto à ajuda discreta do seu restaurador do século xx; isso não importava. Muito mais tarde aprendi que, se você projetar a linha da mão esquerda aberta de Cristo no afresco de Leonardo ele irá apontar diagonalmente, no outro lado do claustro quadrado, exatamente para o centro do cubo de seu amigo Bramante – mas naquele momento eu era apenas um paciente receptivo àquela geometria sublime.

Mesmo assim, não foram essas obras-primas que tornaram Milão cativante, mas sim a sobriedade cotidiana dos edifícios neoclássicos de estuque, as construções posteriores em pedra, igualmente sóbrias, porém mais ricas e (como fui tristemente obrigado a admitir para mim mesmo) até alguns edifícios do *régime*, como os escritórios do *Popolo d'Italia* (o principal jornal de Mussolini), projetados pelo idoso acadêmico Giovanni Muzio pouco antes da guerra (o que, aliás, também exibia com destaque um grande relevo monumental de Mario Sironi, o mais impressionante artista italiano da sua geração), eram poderosamente atraentes. Um dos meus novos amigos trabalhara para Muzio e me levou para conhecer o velho cavalheiro, que ainda vivia no apartamento que providenciara para si no sótão/cobertura de um bloco de apartamentos sem graça projetado por ele no final da Primeira Guerra Mundial (e que os milaneses tinham apelidado de *Ca' Brütta* – "casa feia", no seu dialeto). Ele se orgulhava de sua biblioteca, mas eu estava tanto impressionado com seus livros (agora na biblioteca do Getty Research Institute, em Los Angeles) como por seu *ex libris*, uma gravura em água-forte do escultor Giacomo Manzù.

Milão tinha sua quota generosa da modernidade dos anos de 1930. Contudo, mesmo então, ficou bastante claro para mim que alguns dos meus novos heróis nutriam um grande respeito por seus antecessores imediatos – como Muzio –, não tendo sido atormentados por quaisquer sentimentos edipianos ardentes em relação aos seus antecessores imediatos, como ocorria na Grã-Bretanha, onde a geração mais velha parece ter se entrincheirado mais, tornando-se mais hostil a quaisquer novos desenvolvimentos.

Rumo ao Sul

A viagem ao longo da costa do Tirreno e pela Toscana, feita de carona, com o prazer ocasional de um percurso de trem, seguiu-se ao *grand tour* bem familiar em Roma. Minha excitação beirava o insuportável e eu farejava as cores – e os odores – como um cão faminto; creio que essa emoção não possa ser recriada com credibilidade para os meus leitores. Era como se as imagens monótonas e monocromáticas da memória – imagens que eu devia aos livros, ilustrados em preto-e-branco, e a palestras de história igualmente insípidas – de repente ganhassem cores vívidas e brilhantes. Mesmo a poeira de Roma tinha o seu encanto; uma tempestade vespertina ocasional limparia o ar e as calçadas e deixaria a fragrância embriagadora, amarga e revigorante, de louro e pinho, pairando no ar lúcido e recém-lavado até o anoitecer.

No tocante à arquitetura moderna (que, afinal, era o meu território), a situação romana era bem diferente da milanesa, mais colegiada: ela era dominada pelo prepotente Bruno Zevi, formado em Harvard, que desejava criar um centro para uma arquitetura "democrática" e "orgânica" derivada de Frank Lloyd Wright, como um contrapeso para o que ele considerava um "racionalismo" milanês politicamente contaminado. Não achei a efervescência e a veemência persuasivas, embora sua personalidade fosse certamente envolvente e tenhamos permanecido amigos rebeldes até sua morte, cinquenta anos depois.

Eu tinha, no entanto, uma carta de apresentação não relacionada à arquitetura (de Dennis Dobson, o editor que mencionei antes) para entregar em Roma a Roberto Bazlen, que ele considerava, com razão, a eminência parda dos editores italianos, conhecido em geral (se bem que bastante inadequadamente) como Bobi. Fui visitá-lo em seus aposentos escuros e superlotados na Via Margutta, então gueto dos artistas pobres, próximo da Piazza di Spagna. Alto e curvado intelectual de Trieste, do mesmo grupo que Rogers (porém mais velho), ele era conhecido de Umberto Saba e de Eugenio Montale, além de trabalhar como consultor para várias editoras, destacando-se a Einaudi, na época a maior editora italiana de literatura "avançada", que incluía muitas traduções do inglês e do francês. Bom ouvinte, havia nele algo de sombrio e ameaçador, algo da fúria contida de Canetti e uma paixão análoga, se bem que mais engajada e ocultamente temperada pelo mito. Fluente em alemão e familiarizado com o *milieu* vienense, ele via a escrita de Canetti com certa desconfiança: pensava que suas obras eram estragadas por aquela raiva que eu conhecia tão bem. Não obstante, conversamos tranquilamente sobre muitas coisas – as várias maneiras de preparar o café (acerca do quê ele tinha opiniões firmes e bem informadas), a literatura contemporânea, Viena do início do século, Karl Kraus e Adolf Loos, que me interessavam e os quais ele conhecera – e ele, de fato, me deu uma cópia da coleção de ensaios *Trotzdem,* de Adolf Loos, (então) praticamente impossível de se obter, que eu ainda tenho comigo.

Outros amigos milaneses me direcionaram a Giulio Claudio Argan (que seria prefeito de Roma, de 1976-1979, e senador, de 1983-1992), na época ainda um funcionário público no Ministério da Educação, trajando um terno cinza e aparentemente prosaico, que foi cortês e gentil. Ao saber que iríamos a Veneza e que esta seria a nossa primeira visita à cidade, insistiu que viajássemos por um meio navegável. Em Pádua, ele nos instruiu, deveríamos tomar o bonde que (então) margeava o canal de Brenta até Fusina, onde um barco a vapor nos levaria diretamente à Piazzetta. Fizemos como nos foi dito, chegando em pleno pôr do sol de um domingo, assim como aqueles que Turner pintara. Carregando nossas mochilas no ombro, caminhamos, através da Piazzetta, diretamente até a Basílica de São Marcos, onde entoavam vésperas, e ainda não consegui superar essa absoluta exaltação mesmo agora, quando passo um par de meses (pelo menos) em Veneza a cada ano.

Uma expectativa diferente viera de um dominicano irlandês que nos guiou através do labirinto da subterrânea Basílica de São Clemente, perto do Coliseu:

– E para onde vocês irão agora? – Ele perguntou.
– Veneza? Ah, é um ótimo lugar para levar uma garota... –, ele disse com melancolia.

Quando viajamos de volta ao norte, rumo a Veneza, outro momento poderoso de revelação, ou mesmo de conversão, ocorreu em Mântua, onde tive que fazer um desvio na minha rota para Pádua. Mântua (como eu sabia a partir dos escritos de Nikolaus Pevsner sobre o maneirismo e da pregação de Colin Rowe para mim sobre seus prazeres insidiosos) era caracterizada pelo brilhantemente inventivo e espirituoso Giulio Romano, pupilo de Rafael, um dos favoritos dos governantes Gonzaga da cidade – e arquiteto do semirrural Palazzo Te, sua reconhecida obra-prima; ele não só projetou o edifício, mas pintou no seu interior afrescos elaborados que ganharam fama. Desviei-me da minha rota para vê-los. É claro que eu admirava o talento prodigioso de Giulio e sua manipulação sagaz e divertida do detalhe "clássico", seus afrescos exuberantes, porém o que realmente me tirou o fôlego foi a grandeza pura e totalmente inesperada (apesar da minha familiaridade inicial com as teorias de seu autor) de Sant'Andrea, a igreja que Leone Battista Alberti projetara mais de meio século antes de Giulio chegar em Mântua. O cruzamento de arcos no pórtico, a mestria natural das proporções, me conquistou completamente nessa primeira visita e grande parte da minha vida adulta seria dedicada a traduzir, comentar e defender a grandeza de Alberti, cujo ponto culminante foi uma exposição da sua vida e obra, ironicamente realizada nesse mesmo Palazzo Te, que eu organizaria com minha esposa Anne e meu colega Robert Tavernor em 1994.

Aquela primeira visita, que nada tinha de *grand tour*, teve seu efeito transformador. As riquezas visuais meio que esperadas foram o cenário (hesito em chamá-lo de plano de fundo) para uma espécie de relaxamento que eu jamais experimentara, e descobri que eu poderia sentir-me à vontade na Itália de uma maneira que eu não conhecera desde a minha infância. Os elementos visuais eram italianos, mas a sensação de bem-estar era mais geral, mediterrânica, suponho eu. Não que eu tivesse ilusões sobre todas aquelas pessoas agradáveis e prestimosas. Eu não "amava os italianos", como turistas ingleses ingênuos costumavam dizer. Eu sabia que iria encontrar entre eles o mesmo número de esnobes, trapaceiros e ladrões como em qualquer outro lugar, no entanto achei totalmente fascinante a corriqueira manifestação de sociabilidade em um ambiente superlativo do ponto de vista arquitetônico. E jamais superei essa primeira impressão poderosa, pelo que serei sempre grato, como deveria.

Paris Novamente: Arquitetos e Artistas

A volta foi novamente por Paris e, como eu não era mais limitado pela data de início do Ciam, tinha tempo para dedicar à cidade. Havia outro trabalho ali – mais ou menos pago – do mesmo Dennis Dobson. Dorothy Todd, que eu conhecera por ocasião da palestra de Tristan Tzara, estava traduzindo *La Maison des hommes* (A Casa dos Homens), de Le Corbusier, um texto politicamente contaminado (que fora publicado pela primeira vez em 1942, quando ele trabalhava para as autoridades de Vichy, de modo que ele fala respeitosamente demais sobre "autoridade"), e conversamos acerca da possibilidade de uma edição à parte e da inserção de uma foto ou suplemento, introduzindo alguns dos trabalhos de Le Corbusier não familiares aos leitores ingleses, em especial os edifícios anteriores a 1918, então completamente desconhecidos. Fui ao estúdio na rue de Sèvres, 22 – um endereço mágico para estudantes de arquitetura. O grande homem me recebeu com cortesia, lembrou-se vagamente do encontro com Entwistle, mas quando lhe contei qual era a minha missão, enfureceu-se. Ele não estava interessado em seu trabalho inicial, não mantinha um registro dele (o que era mentira, ele tinha um arquivo completo, cuidadosa e sistematicamente organizado – porém escondido), e não me mostraria nada, mesmo que não fosse esse o caso. Quando sugeri que eu poderia ir a Chaux-de-Fonds e tirar algumas fotos, Le Corbusier ameaçou me processar se eu as publicasse. Ele me disse com firmeza que aquelas construções eram obra de Jeanneret (seu sobrenome – mantido por seu primo e sócio de longa data, de modo a causar confusão), e não de Le Corbusier (o pseudônimo que ele adotou em 1921-1922), e que isso iria apenas *confondre les idées aux gens* (confundir as ideias das pessoas).

Aquela experiência irritadiça foi abrandada por vários amigos que fiz na rue de Sèvres. Um deles, o alto e esguio Jerzy Soltan, meu compatriota, um irascível ex-oficial da cavalaria polonesa, passara a guerra como prisioneiro dos alemães e era então um dos defensores de Le Corbusier – um dos seus poucos assistentes pagos, embora ele tenha me contado que ao chegar a Paris, recém-libertado do campo de prisioneiros de guerra, ficou totalmente desconcertado quando o mestre, ao lhe abrir a porta, resmungou, "*Mais Soltan, vous êtes trop grand!*" (Mas Soltan, você é muito grande!), pois o homem "normal", na escala Modulor criada por Le Corbusier, mediria 1,82 m, e Soltan devia ter pelo menos 2,10 m de altura. O Modulor, uma escala de dimensões preferenciais com base em um homem de 1,82m – seis pés –, era a preocupação obsessiva de Le Corbusier na época, e ele esperava que essa escala substituísse o sistema métrico – embora, como eu já mencionei, a OCDE preferisse as dimensões de $\sqrt{2}$ da DIN (Deutsche Industrie Norm). Ironicamente, foi Soltan quem prolongou a fita métrica Modulor, mais tarde disponibilizada ao público como uma fita calibrada e colorida. Soltan permaneceu por cerca de duas décadas em Paris e depois se mudou para os EUA, convidado a dirigir a Escola de Arquitetura da Universidade de Harvard.

Outros amigos que fiz na rue de Sèvres foram o chileno Julian de la Fuente e seu associado francês José Oubrerie (que criariam um dos dois estúdios "sucessórios" após a morte de Le Corbusier). Eles foram os principais autores do brilhante, se bem que malfadado, projeto do hospital para o norte de Veneza. Talvez eu devesse – egoisticamente – ser um pouco grato por esse fracasso, pois a casa de Veneza em que agora vivo teria sido demolida para dar lugar ao hospital. Havia também dois colombianos, German Samper e Rogelio Salmona, tendo o último se tornado o arquiteto mais ilustre de sua geração no seu país. Naquela época, os colombianos formavam um trio, que saía para beber à noite, com o melancólico e bigodudo pintor-escultor venezuelano Jesus Rafael Soto, mais tarde um proeminente artista em seu país, a quem é dedicado um museu em Ciudad Bolívar, sua terra natal, mas que então ganhava a vida tocando violão em cafés na Rive Gauche, onde sua namorada inglesa o chamava *Sottie darling*.

Tanto quanto é do meu conhecimento, a amizade de Salmona e Samper com Soto nunca levou a uma colaboração entre eles. Eu, contudo, já estava fascinado pela ideia de grandes artistas trabalhando com arquitetos, a fim de integrar o seu trabalho em construções modernas e refinadas. A

Guernica de Picasso, no Pavilhão da República Espanhola (projetado pelo mesmo Josep Lluis Sert, que eu conhecera em Bérgamo) da Exposition Internationale des Arts et Techniques dans la Vie Moderne de Paris, em 1937, parecia exemplar, mas era algo único, isolado, até Léger, Lipschitz, Braque e Bonnard contribuírem, um pouco mais tarde, para a construção de uma igreja em Assy, perto do Mont Blanc. Alguns deles, bem como artistas mais jovens, colaboraram na construção de outra igreja planejada pelo mesmo insípido arquiteto oficial, Maurice Novarina. Disseram-me que o espírito que animava tudo era o esquelético (um pequeno crânio iluminado intensamente por dentro – assim Jean Cocteau o descreveu) porém simpático Jean-Marie Couturier, um frade dominicano em Paris. Eu o localizei e ele me convidou a almoçar. Sendo jovem e impertinente, ousei sugerir que o arquiteto que trabalhara nas duas igrejas não tinha muita inspiração. O frade admitiu que eu estivesse certo, "mas", disse ele,

– Tenho um arcebispo no meu bolso (*J'ai un Archevêque dans ma poche*) e vou receber uma igreja para Le Corbusier.

Essa foi a minha primeira indicação do que viria a se tornar um dos edifícios mais importantes do século, a capela da peregrinação em Ronchamp. Enquanto o projeto tomava forma, eu tinha amigos o suficiente no ateliê da rue de Sèvres para ser capaz de acompanhar o seu amadurecimento por meio de desenhos e de modelos em visitas reiteradas. Apesar de ser uma grande obra-prima, outros artistas nunca estiveram envolvidos. O nome de Léger foi sondado para os vitrais, mas não deu em nada (dinheiro? Personalidade?) e o próprio Le Corbusier os desenhou.

Olhando para trás, decorridos sessenta anos, volto a me recordar nitidamente das discussões, da troca de ideias, às vezes com pessoas de grande distinção intelectual e profissional, que pareciam prontas a aceitar um jovem obscuro e empobrecido como parceiro no diálogo; já sugeri algo a esse respeito. Na época, aceitei essa abertura como coisa corriqueira, mas suspeito que tal acesso direto a figuras análogas seria impossível no momento em que escrevo, para alguém como eu era naqueles anos. Talvez houvesse, na década que se seguiu ao fim da guerra, uma sinceridade e um frescor no ar que o meio século de crescente prosperidade destruiu.

Ideias

Nesse estado de espírito despreocupado, procurei o venerável filósofo Gabriel Marcel, que vivia modestamente em um apartamento na rue de Tournon, com papéis e livros espalhados por toda parte: um homem pequeno, ríspido, seu cabelo cinza espesso cortado *en brosse* (à escovinha) e um cavanhaque residual (um pouco semelhante ao do meu avô), sob o lábio inferior, ele parecia – mais tarde eu veria isso de outra forma – a encarnação de *La France Profonde*. Fui atraído – e fiquei emocionado – pelo que ele tinha a dizer sobre a associação humana; isso significava muito para mim, já que eu convivera tão de perto com uma visão raivosa de uma humanidade arruinada pelo poder, fundamento da antropologia de Canetti, e sua interpretação decisiva da assembleia humana, da associação humana, tipificada pela massa e pelo rebanho. As assembleias de Canetti também coalesciam no tocante a símbolos e rituais, mas ele não tinha nenhum interesse especial no abrigo coletivo – e, afinal de contas, era o abrigo que tinha de ser a minha principal preocupação. De todo modo, minhas leituras de Kropotkin sugeriam uma imagem ensolarada e otimista da humanidade que me protegiam do pessimismo de Canetti.

Eu já havia me deparado com Emmanuel Mounier (que morreria em 1950, aos 45 anos) e sua noção do personalismo. Alasdair McIntyre, meu amigo filósofo do SMH, havia me dado o *Qu'est-ce que le personalisme* (O que É o Personalismo), de Mounier, tão logo foi publicado em 1949 – e ainda tenho o livro. Mounier sugeriu (não era uma filosofia sistemática ou mesmo totalmente formulada) que o indivíduo consciente era conceitualmente muito diferente da pessoa "situada", "contextualizada", que se definia em relação aos seus "outros", o que, para mim, estava conectado, ainda que de forma tênue, com o existencialismo de Martin Buber. Aquele mantra cambridgeano, "a confrontação existencial Eu-Tu" assumiu uma profundidade e uma urgência das quais eu nem sequer suspeitava quando dele zombei imaturamente nos meus arrogantes dias de estudante de graduação em Cambridge.

Talvez a minha fraqueza pelo paradoxo – que inspirou uma acanhada admiração por Chesterton e pelas criações mais vistosas de Cocteau – revele que não sou realmente talhado para o pensamento sistemático, e muito menos para o analítico, porém eu tinha necessidade de encontrar a minha própria maneira de raciocinar sobre associação e assembleia, e foi Mounier quem primeiro me instigou a voltar meu interesse a Marcel, cuja descrição das relações humanas era governada pela *disponibilité*, pelo fato de elas estarem abertas a outra pessoa em um mundo regido pela técnica, uma relação que não fazia parte de muito do pensamento contemporâneo que – em sua maioria – afirmava a alteridade separada de indivíduos[11].

Uma abordagem como a de Marcel também sugere algo enigmático a respeito da maneira com que os seres humanos se relacionam entre si e que não pode ser reduzida ao *status* de um problema: na própria linguagem de Marcel, um problema é:

> Algo que encontro, que vejo totalmente posto diante de mim, mas que posso delimitar e reduzir. Um mistério, de outro lado, é algo em que todo o meu ser está engajado. Ele, por conseguinte, só pode ser considerado como um domínio no qual qualquer distinção entre o que está dentro de mim e o que está diante de mim perde todo significado e validade.

ou,

> quando lido com um problema, estou tentando descobrir uma solução que pode se tornar propriedade comum [...], mas essa ideia de alguma validade para "toda e qualquer pessoa" [...] muda quando abordo a misteriosa identidade do meu interlocutor, uma vez que está inextricavelmente ligada à questão em si – e aquela identidade não pode ser intercambiável.

Em suma – mais uma vez nas próprias palavras de Marcel –, isso significa que dois interlocutores não podem formular exatamente a mesma questão.

Posso apenas evocar aqui a atração inicial de seu pensamento. Ainda que a força impulsora se opusesse à de Sartre (*l'enfer c'est les autres*), à semelhança deste, que dominou muito do discurso e do pensamento europeus à época, Gabriel também foi um autor de teatro e, de fato, gostava de pensar sobre si mesmo, em primeiro lugar, como um dramaturgo. Ele escrevera uma peça que, assim me disse, fora deliberadamente mal compreendida pela crítica, um mal-entendido que ele iria corrigir lendo parte dos comentários enquanto atores representavam a cena relevante – a fim de permitir que o público julgasse tanto a ele como a seus detratores. Assisti a esse espetáculo estranho, que achei bastante comovente, embora os críticos fossem impenitentes e as peças de Marcel jamais tenham alcançado um *status* equivalente ao de Sartre.

Muitos anos depois conheci sua neta Odile, também filósofa, que havia herdado aquele mesmo apartamento na rue de Tournon e escrito *Une Education française* (Uma Educação Francesa), um relato acerca de sua família, obra a partir da qual fiquei sabendo que os antecedentes de Marcel incluíam alsacianos que falavam alemão e até mesmo judeus, o que demonstrava como eu havia me equivocado a respeito do seu enraizamento francês. Ela, contudo, também depreciou a minha veneração pelo avô ao dizer que ele era muito preguiçoso. Minha surpresa, ao pensar nos muitos volumes dos seus escritos, foi rapidamente descartada. "Dez páginas de Heidegger e ele tinha que ir dormir".

Compadeci-me do problema de Marcel. No entanto, foi ele quem ofereceu o único ingrediente crucial do meu pensamento à época. Se o psicanalista Elkisch propiciou o emoliente de que eu precisava depois das contusões psíquicas infligidas por Canetti, as ideias de Marcel foram o catalisador que permitiu que algumas das noções adquiridas de Canetti assentassem, deixando o resto mais claro, se não bastante elucidado.

Paz

Ao longo de todas essas mudanças, eu me considerava politicamente à esquerda, embora sem filiação partidária – como muitos dos meus amigos. Alguns de nós fomos colocados à prova em 1950, quando um grupo de cientistas, escritores e artistas "progressistas" lançou, a partir de Estocolmo, um apelo universal contra a guerra. Todos eram contra a guerra e, de qualquer modo, concordavam com isso. Houve protestos e manifestações. Jovens alegres, com lenços brilhantes (estampados com pomba de Picasso, o símbolo de Estocolmo), nos pediam para assinar a petição, no que fomos encorajados por colegas e amigos. Faziam com que aquele que hesitasse se sentisse rude; aqueles que suspeitavam que isso pudesse significar um enfraquecimento do Cominform, foram acusados de "falta de fé".

Um intelectual notório, entretanto, não quis assinar: o idoso Martin Buber, vivendo então em Israel. Um pequeno grupo de estudantes da Architectural Association teve a temeridade de tomar o tempo do velho cavalheiro, quando de sua visita a Londres. Não sei mais ao certo como conseguimos a nossa entrevista, mas a conseguimos, em um conjunto de salas inapropriadamente mobiliadas em Piccadilly, ao lado do Hyde Park. A pequena figura barbada estava perplexa, porém foi cortês. Por que ele não assinou a petição? Claramente porque a petição era contra a guerra. Ele não era contra a guerra, a guerra estava contra ele. De todo modo, ele nunca fez alianças *contra* coisas ou ideias. Apenas a favor. Alianças "contra" inevitavelmente levavam as pessoas aos aliados errados. Foi uma entrevista breve, porém decisiva. Nenhum de nós assinou. E no que diz respeito a mim, fiquei deveras impressionado com a ideia de que as alianças devem ser sempre a favor e nunca contra. Retrospectivamente, isso parece agora bastante óbvio.

Soho

Entrementes, eu me mudara de Chelsea para Soho, o que reorientou bastante a minha Londres: King's Road já não era mais o eixo dos meus arredores, agora delimitados pela Shaftesbury Avenue e por Regent Street, estendendo-se mais além, até Bond Street. Naquele espaço estavam localizadas as galerias de arte mais importantes, pelas quais eu começara a circular para satisfazer a minha fome constante de novos quadros e esculturas. Minha casa era o espaçoso e barato sótão de treliças de madeira (porque não havia aquecimento, eu podia utilizar um fogareiro a querosene) da casa paroquial de St. Thomas, em Regent Street, um *establishment* da Igreja Alta, ligado à paróquia da igreja de St. Anne, em Soho, na Dean Street, cuja torre elegante fora poupada pelas mesmas bombas que destruíram a igreja. A casa paroquial estava localizada na então muito decadente Kingly Street, que ficava atrás da igreja, paralela à igualmente decadente Carnaby Street, onde um alfaiate eventual substituiria os colarinhos puídos das minhas camisas por outros quase novos, cortados da parte de baixo da camisa (uma operação que a prosperidade há muito baniu, assim como o náilon baniu o cerzido de meias). A Carnaby Street da descontraída Londres dos anos de 1960 estava ainda uma década longe.

    A casa paroquial de St. Anne, na Shaftesbury Avenue com a Dean Street, também escapara da destruição e era usada como uma espécie de centro cultural anglo-francês – o vigário era notoriamente francófilo –, se bem que com certa tendência clerical. "Onde os leões foram jogados aos cristãos", uma pessoa perspicaz assim a chamou. A poucos passos de distância, com vista para a esquina da Dean Street com Old Compton Street, havia um espaçoso café, com grandes janelas, então chamado Torino, um dos poucos em Londres que, na época, servia um café aceitável (isso aconteceu muitos anos antes de as cafeterias – com suas máquinas de café expresso e assobios apropriados – se tornarem uma instituição londrina, embora uma primeira cafeteria experimental desse tipo tenha sido aberta nas proximidades, à época) e servia de ponto de encontro para muitos dos meus amigos, para os estudantes da vizinha escola de arte St. Martin, bem como da Architectural Association mais distante. Do outro lado da rua, um pub chamado York Minster, (coloquialmente o "French Pub"), oferecia vinho bebível relativamente barato e, por isso, se tornou um local favorito dos mais brilhantes arquitetos, *designers* e literatos, enquanto um pouco adiante ficava o Colony Room, o *drinking club* preferido pelos maiores beberrões da boemia londrina, de modo que por alguns anos as ruas ao redor da esquina da Dean Street com a Old Compton Street eram muito animadas.

Na única ocasião em que induzi Canetti a ir ao St. Anne's House, ele me levou de volta para Kingly Street, passando pela Old Compton Street e pela Brewer Street que, à época, eram muito frequentadas pelas damas da noite. Como era uma noite fria e úmida, eu havia colocado o capuz do meu *duffle coat* e Canetti enfatizou:

– Veja, veja, você é o monge de Soho e todas essas prostitutas olham para você com desejo!

Senti-me bastante inadequado no papel melodramático para o qual ele me havia empurrado.

Na Regent Street nos separamos; ele de volta a Hampstead, eu ao meu sótão ou *proto-loft*, do qual se avistavam os telhados de ardósia de Soho, através de uma grande mansarda em sua baia do meio. Eu havia coberto, como uma tenda, aquela baia com um xale oriental surrado, porém requintado, subdividindo-o do resto do sótão com caixotes de frutas virados de lado (para serem utilizados como estantes); era o meu escritório e minha casa, e coloquei uma grande cama em outra baia à qual eu subia por cima das treliças que articulavam meu *loft* – aquele era o meu "dormitório".

Aquele *loft* propiciava um abrigo estável para esse hiato na minha vida, quando comecei a ganhar um pouco de dinheiro em empregos subliterários: revisão, edição, tradução, o que também me permitiu alguma liberdade para continuar com o meu próprio trabalho sobre cidades antigas, ao qual eu me dedicava. Eu não iria me sujeitar novamente à rotina tediosa, demorada e cansativa da papelada no escritório de um arquiteto, acorrentado a projetos com os quais eu não me preocupava e sem nenhuma chance de influenciá-los ou de ir ao canteiro de obras e familiarizar-me com os hábitos de pedreiros e carpinteiros – aquele aspecto do trabalho dos arquitetos que realmente me estimulava. A emoção de discutir detalhes com artesãos, de lidar com o equipamento dos construtores, com a régua de pedreiro e com o fio de prumo, bem como a sensação do tijolo cru sobre o andaime, o cheiro de gesso úmido – tudo o que eu experimentara pela primeira vez como criança quando nossa casa fora de Varsóvia estava sendo construída –, nunca me abandonou; a rotina de um desenhista de escritório não teria me permitido o prazer de tal experiência.

Por outro lado, a efervescência dos vários encontros – no SMH, em cafés, em redações e, talvez ainda mais importante, nas galerias de arte que eu agora frequentava com assiduidade – propiciou-me um estímulo bastante diferente (e assaz sedutor). Quanto ao desenho, eu sempre conservava a prática, fazendo projetos gráficos ocasionais – participando mesmo de concursos de arquitetura – e às vezes ajudando meu amigo Edward Wright. Isso mal me qualificava, mesmo como uma atividade marginal vista contra a grande escala de construção que acontecia em ritmo acelerado. Grande parte da reconstrução do pós-guerra (como mencionei) foi motivada pelo comprometimento social.

Não obstante a lentidão e a parcimônia, os construtores tentavam satisfazer a constante e premente demanda pelas casas, hospitais e escolas, ao passo que alguns poucos projetos, realmente de alto padrão, eram executados nos escritórios dos arquitetos municipais. Sistemas construtivos pré-fabricados em aço estavam muito em voga, especialmente para escolas, se bem que sua popularidade tenha sido prejudicada quando se demonstrou que os edifícios "tradicionais" de tijolo e madeira/ou metal eram de fato mais baratos. Inevitavelmente, muita atenção centrou-se no desenvolvimento das *New Towns* (Novos Centros).

As desvantagens da prática corrente foram criticadas de forma bastante acentuada, mesmo no interior do *establishment* arquitetônico, apesar das conquistas alcançadas. Havia publicações dinâmicas disponíveis, em particular a *Architectural Review*, nas quais difamações sobre o rápido crescimento das cidades eram feitas de forma vívida, por meio de um fluxo constante de artigos e desenhos sedutores que exigiam a renovação dos centros urbanos de acordo com os princípios de uma abordagem pitoresca – uma abordagem que veio a ser conhecida como *Townscape* (Paisagem Urbana). Para mim, eles não pareciam representar mais do que uma tentativa de dar à Grã-Bretanha uma aparência mais mediterrânica; efeito esse que seria parcialmente alcançado de qualquer maneira, muito mais tarde, sem nenhuma ajuda de arquitetos – um subproduto do aquecimento global. As tentativas de criar um movimento nativo, o "brutalismo", cujo rótulo evocava o rústico *béton brut* (concreto bruto) de Le Corbusier, foram mais radicais, embora tampouco tivessem muito estofo intelectual. Outros ecos fizeram-se ouvir da França, do situacionismo, um grupo anarquista que pedia o desmantelamento da cidade industrial, e do seu oposto, os estridentes utopismos tecnológicos e futurológicos, que dominariam os debates acerca da construção durante o fim dos anos de 1960 e início de 1970 ("Sin City", "Archigram", New Babylon" – este último tinha uma ligação paradoxal com situacionismo); todos eles exigiam uma rejeição substancial indiscriminada da prática cotidiana corrente. No entanto, seu triunfo principal, o Centro Pompidou no Plateau Beaubourg em Paris, estava ainda uma década ou mais distante.

A Ideia de Cidade 1

Apesar da minha crosta fina e frágil, mas cotidianamente inglesa, eu me envolvera com alguns italianos expatriados, um deles Carlo Doglio, um sociólogo *anarchisant* mantido em Londres pela empresa Olivetti. Ambos estávamos irritados com a forma com que os escritores ingleses de arquitetura e planejamento da facção do *Townscape* tratavam as cidades italianas como conchas pitorescas, indiferentes – assim nos parecia – no tocante aos seus habitantes ou aos distintos modos de vida e de governança que haviam levado à sua criação, de forma que os nativos poderiam ser tratados como figuras estranhas, porém mudas – como figurantes mudos na paisagem urbana cênica. Pensávamos que poderíamos combater tal superficialidade por meio de uma história sociopolítico-artística da cidade italiana, revezando-nos na escrita dos capítulos. Concordei em assumir o primeiro, que invocava a mesma pesquisa que eu já havia planejado acerca do assentamento – especialmente as primeiras cidades romanas e etruscas; eu tinha dado como certo o lugar-comum de que o traçado ortogonal da cidade romana era uma versão "solidificada" do acampamento militar.

À medida que eu continuava a estudar os relatórios de escavações e textos antigos, questionando a relação dos romanos com os gregos e etruscos, ficou cada vez mais claro que o lugar-comum invertera completamente a situação real. A cidade romana de traçado ortogonal não era um acampamento militar fossilizado, mas – pelo contrário – o acampamento era uma representação abstrata, esquemática, da cidade, de Roma, em particular, que os exércitos levavam consigo e, onde quer que erguessem acampamento, tornava-se a sua própria e imediata cidade, uma Roma "portátil". A comprovação desse ponto de vista exigia alguma investigação acerca dos precedentes do traçado em forma de tabuleiro de damas ou ortogonal e sobre os procedimentos utilizados para localizar um sítio, bem como as decisões a respeito dos limites do assentamento, e das medidas tomadas para assegurar o seu sucesso. Muitas delas eram elaboradas e rituais. Meu ensaio parecia crescer a granel – para além dos limites de um capítulo introdutório. Doglio, por sua vez, revelou-se um colaborador relutante e logo saiu para trabalhar no empreendimento siciliano de Danilo Dolci que, à época, focava a reforma agrária e a distribuição de terras. Isso me deixou com meu texto desajeitado longo demais para um capítulo, mas não o suficiente para ser um verdadeiro livro.

Minhas condições de trabalho em Soho não eram favoráveis. As pesquisas no Warburg ou no Museu Britânico eram boas e gratuitas, mas o repasse dos resultados em uma máquina de escrever muito capenga, ultrapassada, com três fileiras de teclas (presente de uma pessoa solidária), ficava cada vez mais cansativo. Uma amiga veio em meu socorro. Agatha Sadler, que eu conhecera durante minhas andanças por galerias, tinha na época uma pequena mas altamente eficiente livraria especializada em arte e permitiu que eu usasse a sua esplêndida Olivetti, de chassi amplo (ela era apaixonada por antiguidades e história da arte, mas também se interessava pelo *design* recente, sendo bem informada a seu respeito, de modo que, apesar de repetidos tropeços, continuou a ser cliente de Anthony Frøshaug, produzindo os mais elegantes catálogos de livreiros em qualquer lugar), depois que a loja fechava à noite; desenvolvi gradualmente a rotina de farejar bibliotecas durante o dia e de datilografar posteriormente o que eu havia recolhido, depois do que eu fechava a livraria e ia jantar, antes de voltar para o meu sótão em Kingly Street, nas proximidades. Embora a livraria tivesse se mudado várias vezes, Agatha sempre conseguiu encontrar espaço na rota entre as salas de leilão da Cristie's e da Sotheby's e, assim, sua livraria se tornou um local de visitas preferido dos negociantes e historiadores da arte do mundo inteiro. Por intermédio de Agatha, conheci Simon Nowell-Smith, ágil e sarcástico (embora dado a ocasionais trocadilhos horríveis), cujos ternos discretos e gravatas borboleta de poás eram símbolos de uma elegância independente. Ele era então diretor da Biblioteca de Londres, em St. James' Square, uma instituição privada, semelhante a um clube – a excepcional biblioteca de pesquisas fundada por Thomas Carlyle –, e conseguiu que eu fosse aceito como membro (por meio da política de filantropia da biblioteca para estudiosos pobres) e, em seguida, apoiou a minha pesquisa secretamente durante um par de anos. Talvez tão importante quanto esse apoio foi o fato de ele manter nos trilhos o meu trabalho, quando eu tendia a escapar para algumas das minhas ocupações mais estranhas. Ele me deu a coragem e os meios para prosseguir.

O dinheiro, no entanto, continuava curto. Creio ter sido na loja de Agatha que conheci o escultor-escritor Michael Ayrton, que alegou que eu o havia criticado, nos meus tempos de crítica literária – do quê, não me recordo –, mas que ele perdoara ou ignorara isso, já que sua fascinação pela figura de Dédalo e do Minotauro, tema de muitas de suas esculturas e, portanto, pelo labirinto, estava em harmonia com a minha própria intuição de que a cidade antiga, mesmo quando se apresentava como um tabuleiro de xadrez, tinha igualmente que ser lida como uma espécie de labirinto. Foi Ayrton quem me recomendou para o Royal Literary Fund, e eles me deram uma nova injeção de dinheiro. Por algum tempo, pelo menos comida e alojamento foram assegurados e eu ainda investi na minha nova e própria máquina de escrever – uma pequena Olivetti Lettera 22, é claro –, uma das mais baratas, ainda assim a mais elegante de todas Eu tampouco pensaria em qualquer outra.

A despeito disso, eu parecia seguir uma trilha solitária, abandonado por Doglio. Para minha alegria, um encorajamento inesperado veio de Siegfried Giedion, um dos meus heróis. Zurique tornara-se uma escala na minha jornada italiana, agora anual, entre Milão e Paris, e desenvolvi o hábito de mantê-la, a fim de visitar os Giedions. Eles eram acolhedores e estavam familiarizados com a maneira de os estudantes viajarem – e assim haviam subornado um eminente médico, diretor do hospital cantonal, o taciturno e volumoso professor Löffler (ele tinha uma pequena e charmosa coleção de pinturas e também a fama de ser *ami de coeur* de Carola Welcker [cw]) a receber hóspedes em sua casa. Meus primos de Paris (ambos médicos), surpresos com o fato de eu conseguir me virar com os preços dos hotéis em Zurique, apesar da minha indigência, ficaram impressionados com o nome do meu anfitrião: "não é o Löffler da síndrome de Löffler?!" Sim, era ele mesmo.

Eu havia falado com Giedion a respeito do tema da minha pesquisa com muita hesitação, mas ele respondeu com entusiasmo e até mesmo me recomendou à (então bem provida de recursos) Fundação Bollingen. Seu apoio significava que eu poderia completar o primeiro formato, ainda tosco, do meu livro e até mesmo fornecer as ilustrações.

Giedion falou comigo em detalhes sobre sua paixão pela busca das origens da arte e da arquitetura, paixão essa que ele consagrou nos dois volumes que ocuparam grande parte das últimas décadas de sua vida, livros que – no tocante ao volume, formato e leiaute – eram análogos às suas obras-primas anteriores. Eles afirmaram sua convicção de que as realizações dos primeiros artistas e dos primeiros construtores evidenciavam processos de pensamento similares aos nossos: "Foi a busca pelos imutáveis [...] elementos da natureza humana (que não podem, a longo prazo, ser suprimidos pela mecanização ou pelo trágico conflito do século XIX entre o pensamento e o sentimento) que me levou à arte primitiva", escreveu ele. Giedion havia explorado pessoalmente as pinturas de cavernas com Hugo Herdegg, um gênio da fotografia, que (apesar das brigas constantes e por vezes violentas entre eles) produziu um *corpus* exemplar de imagens. Muitos historiadores da arte anglo-americanos, para os quais a atribuição de um pensamento sofisticado aos "primitivos" era especulativa demais, não deram atenção à obra de Giedion, embora ela tenha sido recebida com grande respeito pela nova geração de antropólogos que tendia a tomar tal abordagem por certa – até mesmo no Instituto Warburg, cuja direção fora assumida pelo grande "orientalista" Henri Frankfort, que havia defendido explicitamente uma visão do pensamento mítico antigo em termos da relação Eu-Tu; ele e seus associados ensinavam que o pensamento mítico diferia da relação *I-It* do pensamento especulativo moderno, pois era uma relação que "paira entre o intelectual e o emocional, o articulado e o inarticulado [...] O Tu é uma presença viva, cujas qualidades e potencialidades podem se tornar um pouco articuladas – não como resultado de inquirição ativa, mas porque o 'Tu', como presença, se revela [...] Ele, no entanto, não é estranho aos nossos modos de pensar: o mito é cuidadosamente escolhido para o pensamento abstrato"[12].

O impacto de Frankfort no Warburg significava que a outra estirpe em meu próprio pensamento, que devia algo a Buber (mas, até então, mais a Marcel), poderia ali se sentir em casa. E alimentou a minha percepção de que a cosmologia tornara-se sem limites e mutável – de modo que um grande mundo indefinido não mais poderia propiciar os princípios de enquadramento para as formas em que moldamos o nosso meio ambiente –, de que seria necessário encontrar algum princípio estruturante no pequeno mundo, no tecido do nosso corpo e na economia da nossa pessoa, e não nas estrelas.

Borche

Havia um aspecto mais descompromissado nas minhas visitas a Zurique; em uma delas, foi oferecida uma sopa no almoço na casa dos Giedions. Começamos a conversar sobre sopas e o borche eslavo nativo (sopa de beterraba), que fizera parte do cardápio da minha infância e da qual eu ainda gostava.

– O melhor borche jamais feito (disse cw) é o de Nina Kandínski. Você precisa experimentá-lo!

Objetei que dificilmente eu poderia telefonar e pedir a essa nobre senhora que me fizesse um pouco de sopa.

– Não, não –, disseram os Giedions. – Quando você chegar a Paris, telefone a madame Kandínski e diga-lhe que o relógio que ela nos pediu que enviássemos para conserto ficará pronto na próxima semana e que iremos levá-lo a Paris. Então converse com ela um pouco, e uma coisa leva a outra. Ela certamente irá convidá-lo.

Fiz o que me foi dito.

– E quem é você?

A Senhora perguntou peremptoriamente. Expliquei que eu era um jovem arquiteto, discípulo de Giedion.

– E você está interessado no trabalho do meu marido?

Sim, eu sempre o admirara – e acrescentei esse comentário, que eu pensava ser apropriado.

– Então você deve visitar uma exposição maravilhosa do trabalho do meu marido em Colônia!

Pareceu-me pouco gentil recusar o convite alegando que eu estava a caminho de Londres e que não poderia fazer tal desvio. Foi aí que cometi um erro crasso.

– Acabo de ver uma exposição maravilhosa do seu trabalho em Veneza...

Mesmo por telefone, senti a queda de temperatura.

– Foi um espetáculo terrível. Tentei impedi-lo. Aqueles quadros estavam inacabados. Eles nunca deveriam ser exibidos como o trabalho do meu marido!
E isso foi o fim. Nenhum bate-papo amigável, nenhum borche. Se apenas eu tivesse pensado antes de falar. A exposição que eu vira em Veneza era a coleção de Gabriella Münther – amante e musa de Kandínski em Murnau e Munique, antes de ele se relacionar com Nina; Gabriella impusera como condição de sua separação que ele deixasse os quadros para ela. O ódio que Nina nutria por Gabriella e pelo fato de ela ter despojado Wassíli de grande parte do seu trabalho inicial era implacável.

Anatole

Durante todo esse tempo, o contato com os meus familiares imediatos se fizera por telefonemas de e para a minha mãe (muito infrequentes, por serem ainda caros), uma carta semanal e os pós-escritos muito ocasionais e forçados do meu irmão. Ele começou a me escrever de forma espontânea somente depois do seu alistamento no exército dos EUA. Anatole fora enviado para uma base no Havaí, e as cartas eram calorosas e pueris, muito pessoais. Ele confessou que achava a vida em um apartamento com a sua – e a minha – mãe dolorosamente constrangedora, mas não podia ver uma saída. Eles viviam, nessa época, na Amsterdam Avenue, na parte de trás do *campus* da Universidade de Colúmbia, com vista para Washington Heights.

E então, certo dia fui acordado em sobressalto no meu sótão em Soho por um soldado norte-americano desconhecido, de uniforme, sentado no canto da minha cama. Anatole, num impulso – ele parece ter se surpreendido tanto quanto eu –, aproveitara a oportunidade de uma breve licença e um lugar grátis num avião de transporte militar para me visitar. Os dias seguintes foram um pouco frenéticos. Ele localizou um colega de escola e, por seu intermédio, arrumou uma namorada instantânea com quem decidiu, de forma igualmente impulsiva, se casar. Ele era tanto o filho do nosso pai – nervoso e intolerante com atrasos ou vacilações – como eu era o filho da nossa cautelosa, e mesmo desconfiada, mãe. Tudo acabou em uma semana. Terminada sua licença, ele voltou ao serviço militar nos Estados Unidos.

Um mês depois, recebi um telefonema desesperado de minha tia Masha. Anatole havia morrido em um acidente de automóvel. Ao que parece, ele dirigia em Upper Manhattan durante um temporal violento quando o carro capotou por causa dos ventos fortes.

Foi algo violento e abrupto. Aquele fluxo constante de energia – nisso ele realmente se parecia com nosso pai – de repente se rompeu. De alguma forma, ele nunca conseguiu libertar-se para ter uma vida própria – e eu sabia disso a partir do que ele me contara. Eu estava arrasado, mas também impotente: tudo aconteceu tão longe, e me senti isolado – e ainda mais solitário. Quanto à sua namorada londrina, ele só falara comigo a respeito dela frivolamente e eu a encontrei de passagem uma única vez, de modo que não tinha seu nome ou endereço e não podia me comunicar com ela ou ajudá-la – também nunca mais ouvi falar dela.

Eu tinha que ir a Nova York o mais breve possível. Foi difícil obter um visto norte-americano no meu passaporte apátrida, mas finalmente consegui – por meio de uma carta-convite do tio Salomon. A viagem de avião era complicada e ainda muito dispendiosa, por isso reservei uma passagem bem barata em um transatlântico italiano, o Conte Biancamano (que fora um navio de tropas durante a guerra), que partiu de Gênova via Nápoles e Palermo, Gibraltar, Lisboa, Halifax para Nova York. Levaria dez dias. No caminho até Gênova parei brevemente em Paris. No caderno de endereços que Hélion me fornecera constava o do historiador de arte Meyer Shapiro, que se mostrou inamistoso (ele deixou bem claro que não tinha uma opinião muito boa acerca do casamento de Hélion), e o de Carl Holty, um pintor germano-norte-americano agora esquecido (porém excelente e muito perspicaz) cuja esposa pianista era aluna de Bela Bartok. Milão foi a próxima parada, onde Ernesto Rogers me deu duas cartas de recomendação: uma para o artista Saul Steinberg, que fora seu colega na Politécnica de Milão – a quem, como ele sabia, eu admirava muito –, a outra para Josep Lluis Sert (então decano da Escola de Pós-Graduação da Universidade de Harvard), redigida no tom de um imperador romano indicando um jovem para o cargo de governador de província, a ponto de dizer: "Eu lhe envio o portador desta carta. Arranje um emprego para ele".

Aquela viagem fúnebre foi cheia de distrações, escalas longas demais, e consequências. Meu antigo visto italiano ainda era válido, me permitiu desembarcar em Nápoles e ir nadar com os amigos e assistir a um concerto em Palermo, no Teatro Massimo – uma "redução" classicizante da ópera de Paris –, a partir do qual voltei ao navio em um táxi puxado por cavalos. Também em Palermo o navio – quase vazio quando zarpou de Gênova – encheu-se de emigrantes, muitos dos quais passariam as refeições em lágrimas por uma pátria e familiares que achavam que nunca veriam de novo – isso quando não estavam confinados aos seus beliches por causa de enjoo. Em nossa cabine, com quatro beliches, somente eu e um carpinteiro piemontês estávamos alojados até Nápoles, onde se juntou a nós um jovem local reservado e tranquilo, para desgosto do meu vizinho piemontês que, posteriormente, passou a me tratar como um aliado do norte contra aquela escória do sul.

O longo cruzamento do Atlântico, sem intercorrências, possibilitou tranquilas leituras, não obstante o clima de tempestade ocasional. Chegamos na hora de um nascer do sol tão dramático como as fotografias e os livros me haviam levado a esperar, e eu estava ansioso no convés quando navegamos pelo estreito de Verazzano. No entanto, quando a Estátua da Liberdade assomou, ela não pareceu elevar a minha temperatura emocional. Nenhum sinal de alívio podia ser visto nos rostos assustados e apreensivos dos meus companheiros de viagem, arremessados pela tempestade, ao ler o soneto de Emma Lazarus a ela dedicado, gravado numa placa de bronze no seu pedestal: "Envia-me os desabrigados, os arremessados pelas tempestades, pois ergo meu farol junto ao portal dourado!"

Os penhascos dos arranha-céus de Manhattan lhes pareciam – e a mim – mais ameaçadores do que promissores. À medida que o navio atracava, identifiquei membros da família à minha espera no cais, que assumiram a responsabilidade por mim tão logo desci o portaló.

Fui morar com minha mãe. Foi só então – a partir dela e dos meus primos – que consegui reunir as partes ocultas da vida de Anatole. Enquanto estudava engenharia em uma politécnica municipal – também nisso ele era filho de nosso pai –, ele se envolvera com alguns agitadores sionistas radicais que o instigaram a atividades clandestinas. Estas implicavam invadir embaixadas árabes e fotografar documentos confidenciais. Ele já havia aludido, misteriosamente para mim, em Londres, a essas atividades. Minha mãe via isso com orgulho mesclado de uma horrível apreensão. E um dos meus primos (não me lembro qual) imaginava se a morte de Anatole fora apenas um acidente ou se teria alguma ligação com as indiscrições acerca de suas atividades secretas. Como ninguém mais parecia estar envolvido no acidente, a sombra da suspeita permaneceu – embora nunca tenha sido mais do que uma sombra.

Minha mãe, alguns anos antes, encontrara um emprego modesto no escritório de imprensa do Congresso Judaico Mundial, cujo pessoal era quase que totalmente composto por seus contemporâneos – refugiados russos idosos, semiletrados. Sempre que eu lhe telefonava ouvia alguém chamar no fundo "Yelizaveta Yosifovna, eto k'vam!" (É pra você!). Esse emprego propiciou a ela um ambiente de convívio substituto quase familiar, análogo ao que ela considerava tão reconfortante em Oxford. Ela passou a sentir muitas saudades do lugar quando, por fim, se aposentou. Felizmente, ela também desenvolveu uma relação tia-sobrinho estranha, se bem que mutuamente reconfortante, com Eduard Raquello/Zylberberg, o primo de meu pai que eu conhecera em Paris, e que parece ter obtido grande sucesso na sua carreira transmitindo, por rádio, propaganda norte-americana para a Europa Oriental.

Seu apartamento era espaçoso e, depois da morte do meu irmão, ela tomou uma inquilina, mas não havia espaço suficiente para mim. A proximidade de Colúmbia fazia com que vários acadêmicos, não necessariamente relacionados com a universidade, também morassem no edifício e, de vez em quando, eu encontrava uma senhora séria no elevador. Ela era a formidável senhorita Arendt, minha mãe me disse; até aquele momento, eu não havia lido qualquer coisa dela. Seu marido, Heinrich Bluecher, dera aulas a um dos meus primos na New School, que (como muitos dos alunos de Bluecher) fora um discípulo muito interessado e dedicado. Como eu parecia estar embarcando em uma carreira de escritor, minha mãe, com razão, pensou que eu deveria procurar o conselho dele; realmente o fiz e tive uma longa conversa com o sisudo mas gentil e prestimoso fumante de cachimbo, abrigado em uma poltrona de canto. Tenho apenas uma vaga lembrança da nossa conversa.

Saul Steinberg, por outro lado, foi memorável, caloroso e acolhedor. Ele me mostrou o entorno de sua casa e contou-me que servira de cobaia para a mescalina; ele desconfiara que ela fosse ineficaz, já que tudo o que havia feito por Aldous Huxley era que ele visse o mundo como ele, Steinberg, o via sem a ajuda de qualquer droga. Mas em vez disso, a mescalina alterou seu sentido de olfato de maneira tão poderosa que ele era capaz de identificar as pessoas antes que elas virassem a esquina – e nenhum odor lhe era desagradável. Todos eram interessantes.

Um momento crítico da minha visita ocorreu quando passamos pelo sensual molde em gesso de tamanho natural de um nu feminino – obra de um brilhante mas agora bastante negligenciado escultor sardo, Costantino Nivola, disse-me Steinberg. Sobre ele pendia uma tela quadrada, pintada com três quadrados decrescentes de cores harmonizantes, um no interior do outro. Eu pouco conhecia a arte recente na América e pedi mais informações.

– Ah, isso – disse Steinberg – é o meu quadro obsceno.

Ao ver a minha perplexidade já esperada, ele acrescentou:

– É obra de um amigo, Josef Albers. Mas parece bastante obsceno que alguém faça tais coisas sobre uma tela com tinta a óleo e pincel.

Dos amigos de Hélion, Carl Holty se tornou meu guia mais atento. Nascido na Alemanha e criado em Wisconsin, ele se mudou para Paris nos anos de 1930 a fim de estudar. Ele e Hélion foram membros do grupo Abstraction-Création (com Auguste Herbin, Georges Vantongerloo, Piet Mondrian, Theo van Doesburg). Eu estava indiscretamente curioso acerca daquele passado: em uma ocasião conversávamos sobre Mondrian quando Holty lembrou-se de haver mencionado a ele sua veneração por Juan Gris, a quem considerava seu mestre. Vendo Mondrian fazer uma careta, perguntou:

– Qual é o problema, Mondrian, você não gosta de Juan Gris?

– Nããoo... – disse Mondrian – ele é tão frio e intelectual...

Um tanto irritado, Holty indagou:

– E de quem você realmente gosta?

Mondrian refletiu brevemente:

– Quer saber, o pintor que mais admiro é Matisse; ele é um colorista tão maravilhoso...

Outro conhecido de Hélion acabou por se mostrar interessado e acolhedor: o escultor cubista Jacques Lipschitz. Seguindo suas instruções, peguei o trem de subúrbio para Hastings-on-the-Hudson: ele há muito tempo se assentara nessa aldeia de extração de mármore e não tive nenhum problema para encontrar o estúdio do robusto e idoso artista. Lipschitz estava curioso sobre minhas origens, já que ele mesmo nascera em Druskieniki, que passou da Rússia para a Polônia e depois para a Lituânia, uma estação de águas e local de veraneio florestado de predileção de Józef Piłsudski, ditador da Polônia. Eu passara férias de verão ali quando criança. Então conversamos sobre a sua (rica – seu pai era um empreiteiro bem-sucedido) infância lá. As lembranças de Lipschitz eram vívidas, porém nem um pouco sentimentais. Falamos também sobre a sua chegada a Paris. Eu, naturalmente, estava curioso acerca da sua relação com a arquitetura – ele fora muito próximo de Le Corbusier e me contou que lhe havia sido mostrado o recém-concluído Square du Docteur Blanche (agora a Fondation Le Corbusier). Quando estavam olhando para a parede convexa que fechava a pequena rua particular, ele sugeriu que um baixo-relevo ficaria maravilhoso nela.

– *Mais vous n'avez rien compris, Lipschitz* (Mas você não entendeu nada, Lipschitz) – Le Corbusier o repreendeu –, *C'est le mur même qui est l' oeuvre d'art!* (a própria parede é que é a obra de arte!)

Ainda assim, não houve ressentimentos, porque um ano depois Lipschitz conseguiu que Le Corbusier lhe edificasse uma casa-estúdio em Boulogne-sur-Seine; eu achei encorajador encontrar o problema arquetípico da relação entre a arte moderna e a arquitetura em tal contexto.

Nessa nossa conversa eu o felicitei pela instalação da sua escultura em bronze, *Prometeu*, em outra parede curva (aquela que fecha o auditório em forma de leque do Ministério da Educação, no Rio de Janeiro), e observei, de forma hesitante, que parecia um pouco pequena para o local.

– Os miseráveis! – Ele comentou, irritado.

Os brasileiros haviam comprado um molde de gesso de 1/3 da escala para fundir em bronze – mas em vez de enfatizar o tamanho certo, eles decidiram fundir a miniatura (economizando assim dinheiro e bronze) e colocá-la no mesmo lugar. Não é de admirar que pareça fora de proporção!

Ainda perseverando naquela obsessão no tocante à colaboração entre artistas e arquitetos, visitei Boston, na minha única incursão fora do círculo familiar, para ver Harvard Commons, a então obra-mestra tão apregoada da "síntese das principais artes". Trata-se de um grupo de edifícios de dois andares para o qual Walter Gropius solicitara a colaboração de Hans Arp, Joan Miró, Matta, Joseph Albers, Herbert Bayer e Richard Lippold (o único norte-americano entre eles). Enquanto eu vagava ao redor, levei algum tempo para admitir a mim mesmo, com relutância, que eles não elevavam o espírito. Aproveitei a ocasião para apresentar a carta de Rogers para Sert, que a tratou (e a mim) com certa condescendência. Não havia vagas disponíveis.

Sigfried Giedion, contudo, lecionava em Harvard à época e me tomou sob sua proteção. Seu amigo, o antropólogo Edmund Carpenter, também estava de passagem por Boston a caminho de Toronto, para trabalhar em um novo periódico, *Explorations*, com Marshall MacLuhan. Giedion lhe sugeriu, com entusiasmo, que esse era exatamente o tipo de periódico que poderia fazer uso dos meus talentos. Carpenter, no entanto, tinha outros planos e talvez não houvesse dinheiro para importar um assistente europeu. Isso não deu em nada e eu voltei para Nova York.

Hampstead

Nova York e a família arrebataram com violência um pedaço da minha vida. O luto inevitavelmente velava a ocasião, enquanto minha mãe tentou várias manobras para manter-me junto a si. Eu era agora o seu único filho, sua relação mais próxima – e ela demonstrava abertamente o seu pesar.

É claro que ela tentava influenciar os meus sentimentos e emoções mais profundos, mesmo que eu não demonstrasse, ou não pudesse demonstrar inteiramente, empatia para com ela; talvez eu fosse muito casca-grossa – ela, por sua vez, não tinha noção do que me inspirava, de modo que quaisquer sugestões práticas que ela apresentasse seriam inadequadas; havíamos nos distanciado um do outro.

Não parecia haver um modo de vida – e de ganhar a vida – no qual eu pudesse me acomodar em Nova York, então retornei a Londres e às minhas cidades romanas. Na volta achei o *loft* de Soho cada vez mais confinante, e mesmo o alívio propiciado pela Galeria St. George não permitia condições de trabalho fáceis. Minha nova e relativa prosperidade me permitiu sair do sótão sem aquecimento. Voltei para Hampstead, onde a maioria dos meus amigos vivia e tornei-me inquilino do poeta austríaco Erich Fried, cuja amável falta de jeito física, típica de um urso, contrastava violentamente com sua habilidade, precisão, até mesmo delicadeza com as palavras. Essa falta de jeito era um aspecto de sua bondade suave, que se estendia de pessoas a coisas: ele passava o tempo na recolagem dos seus livros (com a nova – na época – resina de secagem rápida) e, lembro-me dele, portanto, descascando a película suja que sempre se formava em seus dedos quando ele cuidava de encadernações irremediavelmente danificadas, para adicionar às coleções incompletas de escritores menores que ele encontrava em livrarias e guardava no que ele chamava de seu hospital para livros doentes no andar do meio (que ele ocupava), enquanto eu morava no andar térreo. Ao lembrar-se dele trinta anos depois, Neal Ascherson escreveu sobre "a sua enorme cabeça, seus óculos grossos e sua sagacidade provocante".

Ele se tornaria um grande orador e ator. Ascherson novamente: "Tinha um vozeirão: um baixo que podia se fazer ouvir por todo um salão, pronunciando palavras inequívocas de forma lenta e quase pedante". Isso, contudo, aconteceria no futuro. No momento da nossa coabitação ele era pouco conhecido na Inglaterra, embora sua fama na Alemanha estivesse em ascendência. Entre as várias pessoas que o visitavam lembro-me de Hans Magnus Enzensberger e Ingeborg Bachman – que também enfeitiçaram Canetti. O próprio Fried tinha dado início ao seu esforço épico de retraduzir Shakespeare e, assim, substituir (uma tentativa que ele logrou em parte) a versão padrão de Schlegel-Tieck que ele achava, com razão, falha e enfadonha – ao mesmo tempo trabalhava em seus próprios poemas e em muitas outras traduções.

O tipo de casa de comerciantes em que vivíamos tinha uma loja com vitrine no piso térreo, onde eu morava; dava de frente para a mais ou menos movimentada Fleet Road e eu a cobri de camadas de cortinas rendadas de cor escarlate; pintei uma das paredes de um azul ultramarino profundo e, com Erich, coloquei como fundo da porta de entrada da casa uma foto de um nu em tamanho natural de Brigitte Bardot, recortado do *L'Express*. A remodelada ex-loja revelou-se um ambiente modesto, se bem que acolhedor, para um dia de trabalho. De fácil calefação, era uma mudança revigorante do sótão, com suas correntes de ar. A vista era também estimulante – em vez de uma paisagem por sobre telhados de ardósia ou de cerâmica que a minha mansarda oferecia, eu agora avistava um frondoso jardim do outro lado da rua.

A Fleet Road em que morávamos desembocava em South End Green, um espaço disforme, mas arborizado, à beira de Hampstead Heath. Em uma de suas extremidades havia um café espaçoso chamado Prompt Corner, que oferecia acomodações gratuitas para os jogadores de xadrez que ali se aglomeravam. E lá, em uma mesa dos fundos, eu poderia ver Canetti em sua gabardine impermeável, observando ocasionalmente seus vizinhos, a maleta no chão ao seu lado, livros e papéis sobre a mesa, com um copo próximo. Eu me encontrei com ele ali uma vez e perguntei por que havia escolhido aquele lugar – o café era pior do que em alguns estabelecimentos vizinhos.

– Quando tenho algum bloqueio – disse ele – e não sei como prosseguir, venho aqui para desprezar e odiar todas essas pessoas. Isso libera a minha adrenalina.

A qualidade do café era irrelevante. Hampstead me oferecia um espaço novo e mais tranquilo. No início, quando eu morava no meu esquálido porão em Chelsea, eu era um adolescente com meus próprios desejos carentes. Soho me elevara para uma visão de um ninho de águia por sobre os telhados, mas também fornecera um contexto de apoio literário incipiente. Hampstead estava no nível da rua. Não era salubre – mesmo de acordo com meus padrões posteriores: lembro-me de uma palestra de rádio dada pelo corpulento e bem-intencionado (à época, influente e poderoso) advogado Arnold Goodman que incluíra, entre os horrores que o país deveria banir para sempre, a latrina externa. Tínhamos uma delas nos fundos da casa na Fleet Road, porém nunca pensamos que sua utilização envolvesse alguma dificuldade particular. Sendo bastante jovens e dinâmicos, o risco de alguns pingos de chuva para atender a um chamado da natureza não era nenhuma preocupação. Eu certamente pensei ter subido na vida, ainda que descera de um sótão em Soho para a acolhedora rua Hampstead.

A Ideia de Cidade II

Os limites daquela loja provisória no nível da rua e a companhia cordial, mas também estimulante, de Fried, propiciaram, de forma paradoxal, o abrigo no qual consegui formular as ideias que – mesmo para mim – pareciam remotas das preocupações cotidianas à época, ainda que lembrassem forçosamente verdades que haviam sido obscurecidas e mesmo esquecidas.

Meu ensaio sobre cidades romanas finalmente foi tomando forma, de modo desconfortável, como eu disse – ainda não um livro, se bem que longo demais para um artigo. Um encontro quase casual o resgatou. Eu admirava muito o jovem arquiteto holandês Aldo van Eyck, cujo poético parque infantil para a cidade de Amsterdã fora divulgado recentemente; seu interesse pela antropologia era similar ao meu, mas ele investira nisso muito mais do que eu – o que implicou uma longa viagem de pesquisa a Mali, em busca da nação dogon que vivia no curso superior do Níger. O seu relativo isolamento permitiu-lhes manter as antigas formas de construção e de habitação, enquanto a sua vida cerimonial complexa já atraíra antropólogos anteriores.

Eu havia me deparado com uma ou duas cópias da revista *Forum*, cuja edição ele assumira, dando-lhe grande encanto visual. Vi também ali, pela primeira vez, fotografias e desenhos de aldeias dogon. Quando lhe contei sobre o meu trabalho, ele foi de pronto receptivo, convidando-me a ficar com ele em seu minúsculo apartamento em Amsterdã, repleto de quadros (de Mondrian, mas também de Appel e de Constant), deslocando (sem queixas) Tess e Robert, seus filhos adolescentes, para um único dormitório, a fim de me oferecer uma cama. Meu ensaio tornou-se uma edição especial da *Forum*. Trabalhar com Juriaan Schrofer, seu *designer* gráfico, foi um prazer adicional, de modo que a edição tornou-se algo de que eu poderia muito me orgulhar. Trezentas cópias extras foram impressas – como meus "honorários" – e assim se tornou o meu primeiro "título";

minha amiga Agatha Sadler encarregou-se da impressão. Houve análises críticas – em geral deferentes para um livro tão fino – o que levou a ofertas de editoras maiores; ele tem sido reimpresso desde então.

Aquele pequeno livro, conquanto não pudesse ser considerado como uma abertura da Nova Vida, indicou o caminho que eu deveria seguir. Ele me colocou em desacordo com alguns contemporâneos, uma vez que a reflexão sobre cidades antigas parecia inverossímil e remota no clímax do modernismo pragmático. Nos anos de 1950 e de 1960, ainda se acreditava que a engenharia de produto e a sociologia empírica ofereceriam todas as soluções necessárias para resolver os problemas que a edificação pós-destruição da guerra havia exposto. Todos os problemas de projeto poderiam ser resolvidos cientificamente a partir de conceitos básicos – e isso também implicava concentrar-se no edifício como um objeto isolado; não oferecia, portanto, nenhuma forma de avaliar o ambiente como uma continuidade, como o amálgama ou composição que sempre é, tampouco precisava levar o passado em consideração. "Centros históricos" foram tratados como pepitas a serem talvez acarinhadas e atualizadas; mas também contornadas, deixadas imperturbadas.

Tudo o que tinha a ver com a memória, ou com o instinto, foi relegado à insignificante questão do prazer visual, e isolado em um setor sombrio denominado "estética" onde, na melhor das hipóteses, poder-se-ia ornamentar os produtos brutos da tecnologia. Tudo isso, porém, era uma ocupação secundária: naquele momento, ao contrário, a racionalidade hiperativa floresceu em utopismos tecnológicos cada vez mais gigantescos e elaborados, que atraíram grande parte da atenção pública e proporcionaram uma distração das urgências prosaicas da construção.

Houve um direcionamento oposto – decerto na Grã-Bretanha e na França; a maioria esclarecida parecia considerar a questão da arquitetura como um parêntese do discurso informado e culto. Embora estivéssemos no apogeu da crítica literária, musical e até da crítica de arte, jornais e semanários – mesmo revistas mensais – quase nunca publicavam críticas inteligentes relativas à arquitetura. Pensava-se em geral que, no tocante a tais assuntos, órgãos de planejamento governamental ou incorporadores imobiliários privados seriam confiáveis para tomar as decisões norteadoras, as decisões para as quais os arquitetos poderiam (ou deveriam, como a maioria deles certamente disse) prover um fundamento lógico e técnico, bem como a vestimenta adequadamente estética. Fazia pouco sentido que as escolhas de *design* tivessem, necessariamente, implicações políticas ou mesmo econômicas.

Para mim, tudo isso parecia exigir reflexões adicionais. Os antropólogos haviam me levado a ler o meio ambiente como um organismo vivo e operativo e, portanto, a considerá-lo ecologicamente – o que me induziu a rever todo o negócio de como a sociedade se relacionava com o tecido que ela criara – estou quase tentado a dizer expulsara –, mas pelo qual, por outro lado, fora condicionada. O processo tinha uma dialética complexa e, por vezes, delicada.

Um esforço foi, por conseguinte, necessário para realinhar algumas prioridades, para trabalhar através do labirinto que o universo da construção constituía. É claro que tudo isso levaria tempo e algum esforço colaborativo; fui afortunado no que diz respeito a meus amigos, colegas e alunos; minha associação com Van Eyck levou a um convite para a Hochschule für Gestaltung, em Ulm, então o santuário da racionalidade sistemática (e herdeiro presuntivo da Bauhaus de Weimar/Dessau, de 1919-1933), mas que estava preparada para acomodar tais figuras rebeldes como eu. É óbvio que aprendi com eles – talvez mais pela via da dissidência que da conformidade. No entanto, a associação acabou por ser uma referência que deu apoio ao meu futuro acadêmico.

Isso ocorreria depois; entrementes, a minha concepção permaneceu minoritária e, quando pude organizar um seminário de pós-graduação sobre a história e a teoria da arquitetura na Universidade de Essex, em 1967-1968 (o primeiro do seu gênero em qualquer lugar), as autoridades profissionais em arquitetura quiseram que ele fosse suprimido. Nesse meio-tempo, meu trabalho sobre cidades romanas deu início àquela pesquisa obsessiva do ambiente fabricado pelo homem, que continuaria a me ocupar. Parece, porém, que cada vez mais – e no momento em que escrevo isto, de forma mais esmagadora – o mundo construído tem sido dominado por engenheiros de tráfego e especuladores que afirmam agir em estrita consonância com os ditames da razão, sem qualquer senso das exigências que a imaginação e as emoções dos cidadãos possam fazer. À medida que o dinheiro empatado na construção atingiu patamares imprevistos, o elemento "estético", antes desprezado pelos construtores e financiadores, assumiu o controle dos abomináveis desperdícios do planejamento racionalmente calculado, transformando-se no poder dominante na configuração dos edifícios individuais – que se tornam cada vez mais extravagantes, cada vez mais distantes de diretrizes racionais e cada vez mais isolados uns dos outros. Esse divórcio entre extravagância deliberada e razão gerou algumas das criações mais estranhas no Golfo Pérsico e no Extremo Oriente. E, naturalmente – como Goya escreveu sobre seus famosos *Caprichos* –, "o sonho da razão produz monstros".

Mais de meio século se passou desde os últimos episódios relatados e embora eu jamais tenha conseguido projetar ou construir tanto ou tão bem como eu esperava, ainda me considero um homem de sorte. Minha paixão pelo meio ambiente tem realmente me sustentado por todos esses anos e tenho sido capaz de me dedicar a ele por meio da escrita e do ensino. E daquela estranha imputação de *mal-aimé*, há muito fui absolvido – pois apesar dos meus inúmeros defeitos e manias, encontrei alguém que estivesse preparado para enfrentar corajosamente os meus humores erráticos, compartilhar minhas lutas e me guiar pelos caprichos das décadas intervenientes, a quem dedico, por isso, este livro.

NOTAS

1929-1942

1. "Acaso alguém pode ser o artífice de si mesmo?"; Agostinho de Hipona, *Confissões* 1, 6.
2. Marcel Proust achava difícil decidir quais eram os ingredientes exatos que produziam a sensação excepcionalmente poderosa: uma rosquinha, um biscoito, uma *madeleine*? Chá ou *tisane* de flor de tila? Ver Marcel Proust, *À la recherche du temps perdu*, ed. Jean-Yves Tadie, Paris: Gallimard, 1987, v. 1. p. 44, 695s., 1123. O fato de ele dever esse episódio a outra recordação de Richard Wagner foi sugerido por *sir* Brian Vickers (em uma carta para o TLS 5755, 19 de julho de 2013, p. 6.), em resposta a mais uma reflexão sobre a indecisão entre *madeleine*, biscoitos, roscas – mesmo torradas – tila e chá de Ian Bamforth no TLS 5754 (12 de julho).
3. A passagem sobre "a casa de memória" é uma tradução de "La Maison du souvenir, la maison natale est construite sur la crypte de la maison onirique. Dans la crypte est la racine, l'attachement, la profondeur, la plongée des rêves", em Gaston Bachelard, *La Terre et les rêveries du repos*, Paris: J. Corti, 1948, p. 98.
4. Para os meus propósitos, a introdução mais equilibrada e de fácil leitura no que concerne à tormentosa relação entre poloneses e judeus é *Shtetl*, de Eva Hofman, Boston/New York: Houghton Mifflin, 1997.
5. A citação a Ortega é da obra *Man and Crisis*, New York: Norton, 1958, p. 9.

6. Publiquei uma versão mais extensa dessa historieta em OCTOBER, n. 26.
7. Segundo Peter Heyworth, *Conversations with Klemperer*, London: Gollancz, 1973, p. 40. Ele estava particularmente impressionado com a voz de barítono alto dos *hazanim* poloneses.
• Mechas de cabelos laterais, nas têmporas (N. da T.).
8. Arthur Koestler, na sua obra *The Thirteenth Tribe: The Khazar Empire and Its Heritage*, London/New York: Random House, 1976, alegava com firmeza, porém não de modo muito verossímil, que toda a judaria do leste Europeu descendia dos cazares. Poucos historiadores aceitam essa perspectiva com muita seriedade, se bem que uma versão modificada dela tenha sido assumida por alguns estudiosos e toda a questão foi revista posteriormente pelo historiador israelense Shlomo Sand, em *Comment le peuple juif fut inventé: De la Bible au sionisme*, Paris: Fayard, 2008, p. 322s.
9. Há relatos sobre Salomon de Kalahorra e de alguns de seus descendentes, bem como de Izidor Posner, no *Dicionário Biográfico Nacional* polonês. Uma versão da história familiar foi apresentada por Salomon Kaliphari (gen. Posner): *Mein Lebensbild im Anschluss an sieben Ahnenbilder dargestellt* (original hebraico, Krotoschin, 1870) *aus dem Hebräischen übertragen von seinem Enkelsohne*, Dr. Moritz Landsberg, Rabbiner zu Leignitz. Breslau, ND (ca. 1900). Devo a fotocópia desse documento ao meu parente, o prof. Thomas Peters, da Lehigh University, PA. Conta-se que, já em idade avançada, Salomon de Kalahorra visitou a Terra Santa antes de 1600.
10. O *porte cochère* é uma estrutura que fica disposta na entrada principal ou secundária de um edifício. Chamado popularmente de varanda de transporte, destina-se a facilitar o embarque/desembarque de pessoas e bagagens. Em locais públicos como hotéis, igrejas, centros de saúde e bares, é o local de parada de veículos para que passageiros desçam protegidos pelo abrigo.
• A referência é ao profeta Elias que, segundo a tradição judaica, visita todos os lares judaicos nessa data e será enviado por Deus para anunciar a chegada do Messias. (N. da T.).
11. I. Buruma, *Voltaire's Coconuts, or, Anglomania in Europe*, London: Weindenfled & Nicolson, 1999.
12. Com destaque para Robert Graves, em sua obra *Goodbye to All That*, London: Jonathan Cape, 1929; mais recentemente, Frederick Raphael, *A Spoilt Boy*, London: Orion, 2003; e, de forma mais vulgar, Simon Raven em *Shadows on the Grass*, London: Blond & Briggs e *The Old School*, London: H. Hamilton, 1986.

- Prática educacional inglesa na qual o calouro era obrigado a prestar serviços aos veteranos (N. da T.).

1942-1963

- Há um pluralismo doutrinal na Igreja anglicana. Costuma-se distinguir nela a *high church* (Alta Igreja), que mantém praticamente toda a doutrina católica, a liturgia anterior ao Concílio de Trento e a maior parte dos sacramentos; a *low church* (Baixa Igreja), muito próxima dos calvinistas na doutrina e no culto; e algumas vezes também a *broad church* (Igreja Ampla), designando aqueles que se encontram no meio dessas duas correntes (N. da T.).
1. Jon Snow, *Shooting History: A Personal Journey*, London: HarperCollins, 2004, p. 18s.
- No sistema educacional da Inglaterra, representa os dois últimos anos do ensino secundário (N. da T.).
- Dialeto falado por residentes do East End, distrito de Londres (N. da T.).
2. Creio que a Royal Academy (da qual ele se tornaria presidente) tem uma coleção desses *slides*.
- Série de palestras literárias criada no Trinity College nos anos de 1880, uma legação de um membro da faculdade, William George Clark. Constituem atualmente um evento importante do calendário acadêmico britânico [N. da T.].
- 7. ed. São Paulo: Perspectiva, 2014.
- No original *tithe barn*, uma espécie de celeiro na Idade Média para armazenar o dízimo da produção agrícola que era dado à Igreja (N. da T.).
3. As aulas de Steiner, *Taboo*, foram publicadas postumamente em 1956, reimpressas pela Penguin em 1967 e em várias outras ocasiões depois. Uma seleção de seus poemas, *Eroberungen*, veio à luz em 1964, mas uma coletânea adequada, *Am Sturzenden Pfad*, só foi publicada em 2000.
4. Sua influência no *design* gráfico – inclusive como professor – foi desproporcional à sua modesta produção, ainda que sua obra tenha sido objeto de uma monografia organizada por Robin Kinross, London, 2000.
5. Elias Canetti, *Party in the Blitz: The English Years*, London: Harvill, 2005.

6. *Why Exhibit Works of Art*, London: Luzac, 1944; *Figures of Speech and Figures of Thought*, London: Luzac, 1946, são as obras mais conhecidas de Coomaraswamy daquela época.
7. O incidente é relatado no v. IV da *Oeuvre Complète*, (1938-1946), Zürich, 1946, p. 14s., 38. O pouco que se sabe efetivamente a respeito dele foi coletado por Ian Boyd White em "Clive Entwistle: Dreams of the Crystal Palace", em Louise Campbell (ed.), *Twentieth Century Architecture and its Histories*, London: Society of Architectural Historians of Great Britain, Millenial volume, 2000, p. 11s. Ver também Nicholas Fox-Weber, *Le Corbusier: A Life*, New York: Alfred A. Knopf, 2008, p. 397s.
8. *Ten Books on Architecture by Leone Battista Alberti, translated into Italian by Cosimo Bartoli and in English by James Leoni, Venetian Architect*, edição de Joseph Rykwert, London; Tiranti, 1955. O trabalho, no entanto, foi realizado adequadamente trinta anos depois: Leon Battista Aberti, *On the Art of Building in Ten Books*, tradução de Joseph Rykwert, Neil Leach, Robert Tavernor, Cambridge: MIT Press, 1988.
9. Os livros de Rowe eram, na verdade, ensaios ou coletâneas deles. Além do *Ideal Villa*, seus únicos dois livros publicados em vida foram *Collage City* (um longo ensaio com Fred Koetter, 1995) e *The Architecture of Good Intentions* (também de 1995). *As I Was Saying*, uma reunião dos seus escritos, foi publicada postumamente; o mesmo ocorreu a um guia de arquitetura italiana no século XVI (com Leon Sitkowski, 2002).
▪▴ Referência aos membros da facção política, depois partido, de tendência liberal, que defendia a preponderância do Parlamento e a monarquia constitucional no Reino Unido, entre outras ideias progressistas. O partido perdeu importância no início do século XX, com a ascendência dos trabalhistas, mas o termo manteve-se em uso, em contraposição a *tory*, conservador [N. da T.].
10. O massacre foi tema do filme *Katyń*, de Andrzej Wajda (2007); Mietek/Moshe Prywes recontou tudo isso em minúcias na sua própria autobiografia, *Prisoner of Hope* (University Press of New England [for] Brandeis University Press, 1996), p.79s. A partir da p. 17s. há um relato sobre o meu avô Benjamin e sua autoridade patriarcal.
11. Talvez a melhor sumarização do meu pensamento à época reflita o que Emmanuel Mounier apresentou no seu *Introduction aux Existentialismes*, Paris: Gallimard, 1962, p. 109s.

12. As obras de Giedion a que me refiro são *The Eternal Present*; v. I, *The Beginnings of Art*, London: Oxford University Press, 1962; v. II, *The Beginnings of Architecture*, London: Oxford University Press, 1964; elas se baseiam em suas A. W. Mellon Lectures in the Fine Arts de 1957; a citação é de Henri Frankfort et al., *Before Philosophy*, Harmondsworth: Penguin, 1949, p. 12s.

Este livro foi impresso na cidade de São Paulo,
nas oficinas da MarkPress Brasil, em setembro de 2015,
para a Editora Perspectiva.